Etienne Piguet

Einwanderungsland Schweiz

: Haupt

CH Wissen – Le savoir suisse

Im Jahr 2002 begann das Abenteuer «Le savoir suisse». Unter diesem Label lancierten die *Presses polytechniques et universitaires romandes* (PPUR) eine neue Taschenbuchreihe mit dem ambitiösen Ziel, gesichertes Wissen von Schweizer Forscherinnen und Forschern einem breiten Publikum zugänglich zu machen, in gepflegter, lesbarer Form und zu erschwinglichen Preisen. Ein wissenschaftlicher Beirat sorgt für Qualität und immer neue Themen, zahlreiche Institutionen, Medienschaffende und Persönlichkeiten des öffentlichen Lebens haben das Projekt von Anfang an mit Begeisterung begleitet und unterstützt, u. a. die Rektoren sämtlicher Westschweizer Hochschulen und alle Bundesräte aus der Westschweiz. Treibende Kraft des Projekts ist Bertil Galland, eine der markantesten Persönlichkeiten der Westschweizer Verlagslandschaft.

Von Anfang an verfolgten die PPUR das Ziel, aus «Le savoir suisse» ein gesamtschweizerisches Projekt zu machen und den kulturellen Graben, der auch die Welten des Wissens in der Schweiz zu trennen droht, zu überbrücken. Mit der Zusammenarbeit PPUR/Haupt rückt dieses Ziel nun ein ganzes Stück näher.

Mitglieder des Herausgeberrats: Jean-Christophe Aeschlimann, Chefredaktor von «Coopération», der französischen Ausgabe der «Coop-Zeitung», Basel; Stephanie Cudré-Mauroux, lic. phil., Konservatorin am Schweizerischen Literaturarchiv, Bern; Bertil Galland, Vorsitzender des Herausgeberrats, Journalist und Verleger; Nicolas Henchoz, Journalist, Adjunkt des Präsidenten der EPFL/ETH Lausanne; Véronique Jost Gara, Projektleiterin beim Schweizerischen Nationalfonds und an der biologisch-medizinischen Fakultät der Universität Lausanne; Jean-Philippe Leresche, Professeur associé an der Universität Lausanne und Direktor des Observatoire Science, Politique, Société der Universität Lausanne. Gründungsmitglieder: Robert Ayrton, Journalist und Politologe, und Anne-Catherine Lyon, Staatsrätin (Waadt).

Etienne Piguet

Einwanderungsland Schweiz

Fünf Jahrzehnte halb geöffnete Grenzen

Aus dem Französischen von Irena Sgier

Haupt Verlag
Bern • Stuttgart • Wien

Die Originalausgabe erschien unter dem Titel *L'immigration en Suisse. 50 ans d'entrouverture* als Band 24 in der Reihe «Le savoir suisse» bei den Presses polytechniques et universitaires romandes, Lausanne. Für die deutsche Übersetzung hat der Autor seinen Text durchgesehen und auf den neusten Stand gebracht.

© 2004, Presses polytechniques et universitaires romandes, Lausanne
Tous droits réservés

Autor und Verlage danken der *Stiftung für Bevölkerung, Migration und Umwelt* (BMU, www.bmu-foundation.ch), dass sie mit einem namhaften Beitrag die Übersetzung dieses Bandes ermöglicht hat.

Bibliografische Information der *Deutschen Bibliothek*
Die Deutsche Bibliothek verzeichnet diese Publikation
in der Deutschen Nationalbibliografie;
detaillierte bibliografische Angaben sind im Internet über
http://dnb.ddb.de abrufbar.

ISBN 3-258-07055-5
Alle Rechte vorbehalten
Copyright © 2006 by Haupt Berne
Umschlag und Gestaltung: pooldesign.ch
Jede Art der Vervielfältigung ohne Genehmigung des Verlages
ist unzulässig
Printed in Germany

www.haupt.ch

Dank

Dass wir über die Einwanderung in die Schweiz heute besser Bescheid wissen, ist zu einem grossen Teil der kollektiven Arbeit der Forscherinnen und Forscher zu verdanken, die am Nationalen Forschungsprogramm NFP 39 «Migration und interkulturelle Beziehungen» des Schweizerischen Nationalfonds mitgewirkt haben. Die folgenden Ausführungen stützen sich vor allem auf die Arbeit der Gruppe, die sich des Projekts «Geschichte der schweizerischen Migrations-, Asyl- und Integrationspolitik seit 1948» angenommen hat (S. Cattacin, M. Cerutti, Y. Flückiger, M. Gianni, M. Giugni, J.-M. Le Goff, H. Mahnig, L. Parini, F. Passy, E. Piguet).
Der Dank des Autors geht auch an D. Boillat, J. Dahinden, G. D'Amato, D. Efionayi, B. Galland, W. Haug, K. Rohner und alle weiteren Personen, die Anregungen und Kommentare zum Manuskript beigesteuert haben. Die Verantwortung für den vorliegenden Text liegt jedoch allein beim Autor.

Inhaltsverzeichnis

1 Ein Drittel der Schweizer Bevölkerung hat einen
   Migrationshintergrund — 9

2 Offene Türen 1948–1962 — 13

3 Fremdenfeindlichkeit und Plafonierungsversuche 1963–1973 — 23

4 Das Ende der ersten Einwanderungswelle 1974–1984 — 43

5 Die zweite Einwanderungswelle 1985–1992 — 49

6 Erneute Infragestellung — 55

7 Auf der Suche nach einer neuen Politik — 69

8 Die treibenden Kräfte — 81

9 Neuere Geschichte des Asyls in der Schweiz — 87

10 Die aktuelle Asylsituation in der Schweiz — 103

11 Der internationale Asylkontext — 113

12 Die aktuelle Situation und die Herausforderungen
   im Migrationsbereich — 121

13 Die Schweiz, Europa, und der Rest der Welt … — 141

14	Aktuelle und künftige Themen im Migrationsbereich	155
15	Das Paradox von Einschluss und Ausschluss	167
	Anhänge	171
	Zum Autor	185

1

Ein Drittel der Schweizer Bevölkerung hat einen Migrationshintergrund

In den Kantonen Zürich, Basel, Bern, Genf, Waadt, Aargau und St. Gallen leben zusammengenommen zwei Drittel der heutigen Bevölkerung der Schweiz ... Darauf also würde sich die Schweiz beschränken, wenn während der letzten fünf Jahrzehnte keinerlei internationale Migration stattgefunden hätte. Denn ein Drittel der Bevölkerung ist entweder selbst eingewandert oder hat einen eingewanderten Elternteil. Ein Viertel ist im Ausland geboren.

Das sind eindrückliche Zahlen. Sie belegen, dass die Schweiz – obwohl sie das lange nicht wahrhaben wollte und es vielleicht immer noch leugnet – ein ausgeprägtes Einwanderungsland in der Art Kanadas oder Australiens ist. Auch rangiert die Schweiz in dieser Hinsicht, von Lettland und Estland einmal abgesehen, weit vor den übrigen europäischen Ländern (vgl. die Graphik Seite 11).

Vergleicht man diese Entwicklung mit derjenigen in den USA – einem Land, bei dem die Einwanderung immerhin zu den Gründungsmythen gehört –, so zeigt sich folgendes Bild: Hätte es in den USA seit 1950 keine Einwanderung gegeben, so wäre deren Bevölkerung heute um lediglich 15 % kleiner.

Damit gehört die Immigration zumindest auf der rein demographischen Ebene zu den wichtigsten Elementen der neueren Schweizer

Geschichte. Der Migration ist es zu verdanken, dass die Schweizer Bevölkerung im Zeitraum von 1990 bis 2000 eine der höchsten Wachstumsraten Westeuropas erreichte; während jenes Jahrzehnts stieg die Einwohnerzahl von 6,9 auf 7,3 Millionen (+5,9 %). Diese Zahl vermag zwar die grosse demographische Bedeutung der Migration zu belegen, sie wirkt aber geradezu bescheiden, wenn man eine andere, noch eindrücklichere Facette der Zuwanderung in die Schweiz berücksichtigt: die befristete Migration.

Im Verlauf der letzten fünfzig Jahre sind schätzungsweise 5 Millionen Einwanderer[1] mit einer Aufenthalts- oder Niederlassungsbewilligung in die Schweiz gekommen. Vier von fünf Eingewanderten sind später in ihre Herkunftsländer zurückgekehrt oder in andere Länder weitergezogen. Im selben Zeitraum stellte die Schweiz 7 Millionen Saisonnierbewilligungen aus, die zu einem Aufenthalt von höchstens neun Monaten berechtigten!

Aus einem Land, dessen Tradition es eher war, die eigenen Bürger in die Ferne zu schicken, war ein Land geworden, das im Verhältnis zur Bevölkerung und im Vergleich mit dem übrigen Europa eine aussergewöhnlich hohe Einwanderung und Durchmischung aufweist. Wie lässt sich das erklären?

Ein erster Erklärungsfaktor ist ökonomischer Art. Wie wir zeigen werden, war der Bedarf an Arbeitskräften in der Nachkriegszeit der wichtigste Faktor, der Einwanderung auslöste. Es gab aber noch weitere Faktoren, die eine Rolle spielten: Die zentrale Lage in Europa und das Bevölkerungspotential der Nachbarländer erleichterten massgeblich die Rekrutierung von Arbeitskräften. Auch die Grösse des Landes tat ihre Wirkung: Je kleiner ein Gebiet, desto grösser ist per Definition der Anteil seiner Bewohner, die aus dem Ausland stammen. Hinzu kommt, dass die Schweiz in neuerer Zeit eine nicht unbedeutende Zahl von Personen aufgenommen hat, die sich auf der Flucht vor wirtschaftlicher Not oder politischer Verfolgung befinden. Entgegen einem verbreiteten Vorurteil sind aber diese Flüchtlinge bei

---

1 Zugunsten leichterer Lesbarkeit wird in dieser Publikation grundsätzlich das generische Maskulinum verwendet. Die männlichen Sprachformen beziehen sich gleichermassen auf Frauen wie auf Männer.

weitem nicht für die Mehrheit der aktuellen Migrationsströme verantwortlich. Auf dieses Thema werden wir noch zurückkommen.

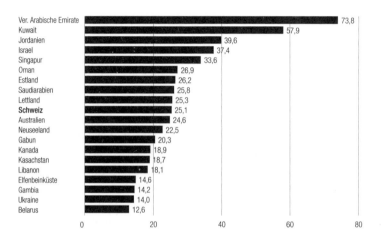

Staaten mit dem höchsten prozentualen Anteil an Einwanderern
(Länder mit mehr als einer Million Einwohner, im Jahr 2000)

Prozentualer Anteil der im Ausland geborenen Personen. Quelle: Vereinte Nationen 2002

Die neuere Geschichte der Migration in die Schweiz lässt sich in fünf Phasen unterteilen. Nach einer ersten Periode «der offenen Türen» (1948–1962) führte die wachsende Fremdenfeindlichkeit in der Bevölkerung dazu, dass die Regierung mit einer Reihe plafonierender Massnahmen versuchte, die Einwanderung von Arbeitskräften zu begrenzen (1963 bis 1973). Die dritte Periode nahm ihren Anfang während der Erdölkrise von 1973/1974, als Zehntausende von Ausländern ihre Stelle verloren und gezwungen waren, das Land zu verlassen. Im Verlauf der vierten Periode (1985 bis ungefähr 1992) übernahm die Wirtschaft wieder ihre Rolle als wichtigste Kraft bei der Steuerung der Immigration, und die Zahl der eingewanderten Arbeitskräfte stieg erneut deutlich an. Schliesslich führte die steigende Komplexität der Umstände und Migrationsgründe zu einer fünften Periode. Deren Kennzeichen sind Ungewissheit, Konflikte und Bestrebungen zu einer umfassenden Neuformulierung der Migrationspolitik.

Welche politischen Entscheidungen wurden im Zusammenhang mit der Immigration gefällt? Worauf gründen sie, und welche Folgen zogen sie nach sich? Wie hat sich der Kontext der Einwanderung verändert? Welche Anliegen stehen heute zur Debatte? So lauten einige der Fragen, zu deren Beantwortung das vorliegende Buch beitragen will. Am Anfang der Analyse steht die chronologische Darstellung der Migrationsströme und der politischen Massnahmen der letzten fünfzig Jahre. Anschliessend rücken die Flüchtlinge in den Fokus unserer Ausführungen. Der letzte Teil des Buches schliesslich befasst sich mit den grossen aktuellen Themen Integration, europäische Personenfreizügigkeit und Zukunft der Migrationspolitik.

Die hier gewählte Perspektive konzentriert sich auf die Darstellung allgemeiner Tendenzen und grosser Entwicklungslinien, die als Schlüssel zum Verständnis der Migrationsthematik dienen können. Dabei werden nicht alle Aspekte der Einwanderung behandelt. Einige der zurzeit intensiv diskutierten Fragen werden wir beiseite lassen müssen, weil sie einer eigenen Untersuchung bedürften. Andere Fragen werden angesprochen, können aber aus Platzgründen nicht weiter vertieft werden. Der interessierte Leser, die interessierte Leserin wird in der thematischen Bibliographie am Schluss dieser Publikation weiterführende Literaturhinweise finden.

2

Offene Türen 1948–1962

Die neuere Migrationsgeschichte der Schweiz beginnt mit einer Periode intensiver Einwanderung, während deren die Behörden die Rekrutierung von Arbeitskräften eher fördern als hemmen. Diese Periode folgt auf eine Phase sehr geringer Mobilität während der Zwischenkriegszeit, sie erinnert aber auch an die Zeit Ende des 19., Anfang des 20. Jahrhunderts, als die Schweiz ihre erste grosse Einwanderungswelle erlebte.

Die Zuwanderung vor dem Zweiten Weltkrieg

Im 18. Jahrhundert war die Schweiz ein Auswanderungsland; zur Zeit der Industrialisierung in der zweiten Hälfte des 19. Jahrhunderts verwandelt sie sich Schritt für Schritt in ein Einwanderungsland. Nach 1848 sind die Einwanderer vor allem qualifizierte Handwerker aus den deutschen, französischen und österreichischen Grenzregionen. Dazu gesellen sich ab etwa 1885 Arbeiter aus Italien. Nach 1890 registriert man in der Schweiz erstmals mehr Ein- als Auswanderer. Die ausländische Bevölkerung (3 % im Jahr 1850) steigt kontinuierlich an und erreicht im Jahr 1914 einen Anteil von 15 %. Und sie konzentriert sich in den Städten: Der Ausländeranteil beträgt in Zürich 34 %, in Basel 38 %, in Genf 42 % und in Lugano 51 %. Während dieser ganzen, vom Wirtschaftsliberalismus geprägten Periode stand der freie Personenverkehr für die Behörden nie zur Debatte, und der Bund machte sich daran, mit 21 Staaten entsprechende Abkommen auszuhandeln. Bis auf die politischen Rechte, die den Schweizer Staatsbürgern vorbehalten blieben, wurden Ausländer und Einheimische in allen Bereichen gleich behandelt.

Das italienisch-schweizerische Abkommen vom 22. Juli 1868 ist exemplarisch für die damalige Haltung. Es zeigt aber auch eine starke Ähnlichkeit mit den bilateralen Verträgen zwischen der Schweiz und der Europäischen Union, die seit Juni 2002 in Kraft sind! In Artikel 1 des Abkommens heisst es: «*Zwischen der Schweizerischen Eidgenossenschaft und dem Königreich Italien soll immerwährende Freundschaft und gegenseitige Niederlassungs- und Handelsfreiheit bestehen. Die Italiener werden in jedem Kanton der Schweizerischen Eidgenossenschaft hinsichtlich ihrer Person und ihres Eigentums auf dem nämlichen Fusse und auf die gleiche Weise aufgenommen und behandelt wie die Angehörigen der andern Kantone jetzt oder in Zukunft gehalten werden. Hinwieder werden die Schweizer in Italien hinsichtlich ihrer Person und ihres Eigentums auf dem nämlichen Fusse und auf die gleiche Weise aufgenommen und behandelt werden wie die Landesangehörigen. Infolgedessen können die Bürger eines jeden der beiden Staaten sowie ihre Familien, wofern sie den Gesetzen des Landes nachkommen, in jedem Teile des Staatsgebietes frei eintreten, reisen, sich aufhalten und niederlassen (...)*» Nebenbei bemerkt: Ein Teil dieser Abkommen aus dem 19. Jahrhundert ist im Grunde auch heute noch in Kraft (so beispielsweise der freie Personenverkehr zwischen der Schweiz und Serbien ...). Die Vertragsparteien haben sich aber stillschweigend darauf geeinigt, die Abkommen nicht mehr als ausreichende Grundlage für die gegenseitige Personenfreizügigkeit zu betrachten.

Der zwischenstaatliche Konsens in Bezug auf den freien Personenverkehr konnte nicht verhindern, dass es in der Schweizer Bevölkerung auch zu negativen Reaktionen kam. Davon zeugen die Zürcher Aufstände von 1896, bei denen es zu Ausschreitungen gegen die italienischen Arbeiter kommt und zahlreiche Restaurants und Unterkünfte italienischer Familien zerstört werden. Schliesslich muss die Armee eingreifen, um die Ordnung in den Strassen der Stadt wiederherzustellen.

Während des Ersten Weltkriegs kehren zahlreiche Ausländer in ihre Herkunftsländer zurück, und die wirtschaftlichen Schwierigkeiten, die auf diese Zeit folgen, begünstigen die Einwanderung nicht. Hinzu kommt, dass sich die Schweiz in der Zwischenkriegszeit gegenüber der Einwanderung immer mehr verschliesst: So wird eine Visumspflicht eingeführt, und die Ausländer, die sich im Lande befinden, müssen immer strengere Kontrollen über sich ergehen lassen. Im Jahr 1934 schliesslich wird das Bundesgesetz über Aufenthalt und Niederlassung der Ausländer (ANAG) in Kraft gesetzt, das während des ganzen restlichen Jahrhunderts in Kraft bleiben wird. Das Gesetz bringt die beiden grundlegenden Merkmale des schweizerischen Einwanderungssystems zusammen: Aufenthaltsbewilligung und Arbeitsbewilligung bilden eine Einheit, und es gibt drei Kategorien von Bewilligungen: die Saisonnierbewilligung, die Jahresaufenthalts- und die Niederlassungsbewilligung. Als Folge dieser Einschränkungen, aber auch und vor allem infolge der Wirtschaftskrise der dreissiger Jahre sinkt die ausländische Bevölkerung von 600 000 Personen im Jahr 1914 auf 223 000 Personen im Jahr 1941.

Das erste Rekrutierungsabkommen mit Italien

Nach dem Zweiten Weltkrieg ist die Schweiz mit einem Mangel an Arbeitskräften konfrontiert: Vom Krieg verschont, trifft der schweizerische Produktionsapparat sowohl im Inland wie international auf eine starke Nachfrage, die sich zunächst aus dem europäischen Wiederaufbau und dann, nach kurzem Abflauen, aus dem Wirtschaftswachstum der fünfziger Jahre speist.

Die Arbeitgeber in der Schweiz gehen zunächst davon aus, dass sie in den angrenzenden Regionen in Deutschland und Österreich fündig werden können, in jenen Regionen also, wo sie sich früher traditionell mit Arbeitskräften versorgten. Die Schweizer Regierung stösst aber bei der französischen Besatzungsmacht, welche die Auswanderung aus den kriegsgeschädigten Gebieten als für den Wiederaufbau schädlich erachtet, auf Ablehnung. Dabei ist zu berücksichtigen, dass auch Frankreich seit 1945 an einem gravierenden Arbeitskräftemangel leidet und dass zwischen den Einwanderungsländern bei der Rekrutierung von Arbeitskräften ein latentes Konkurrenzverhältnis besteht.

In dieser Situation richtet sich der Blick der Schweiz auf Italien. Im Jahr 1948 wird zwischen der schweizerischen und der italienischen Regierung ein Abkommen über die Rekrutierung von Arbeitskräften geschlossen; damit beginnt eine Phase massiver Einwanderung (vgl. Graphik auf Seite 18). Mit der Unterzeichnung eines solchen Abkommens verfolgt auch Italien eigene Interessen. Die *Democrazia Cristiana,* die Partei, die an der Macht ist, sieht darin eine Möglichkeit, die Last der Arbeitslosigkeit etwas zu lindern, und sei es auch nur geringfügig. Hohe Arbeitslosenquoten führen zu gesellschaftlichen Spannungen, und der Versuch, sie abzubauen, soll das Gespenst einer Machtübernahme durch die kommunistische Partei bannen. Diesen Aspekt der Einwanderungspolitik erkennen auch manche der hohen Beamten in der Schweiz, und er kommt ihnen sehr gelegen. So betont A. Zehnder, ein enger Mitarbeiter von Max Petitpierre, dem Leiter des Politischen Departements, es sei wichtig, Italien zu helfen, «sonst riskieren wir, dass der Kommunismus in Italien, also entlang unserer langen Südgrenze, Fuss fasst» (zitiert nach Cerutti 2005, S. 96). Es wird sogar die These vertreten, die Auswanderung habe eine direkte, positive Wirkung auf die politische Meinung der italienischen Arbeitnehmer. Einem Brief von Bundesrat Petitpierre an seinen Amtskollegen Rubattel entnimmt Cerutti folgenden Satz: «Die italienischen Arbeiter, die im Ausland mehr verdienen als ihre Kollegen, die in Italien geblieben sind, tragen zu politischer Stabilität bei. Es ist absehbar – und die italienische Regierung rechnet damit –, dass die in der Schweiz lebenden italienischen Arbeiter die Partei der Ordnung und Stabilität wählen werden» (Cerutti 1994, S. 69). So ist es nicht verwunderlich, wenn die Schweizer Regierung sich die Situation zunutze macht und Massnahmen ergreift, um den italienischen Arbeitnehmern die Ausübung ihrer politischen Rechte zu erleichtern. Es entstehen die berühmten «Sonderzüge», mit denen die Arbeiter kostenlos nach Italien fahren können, um an den Wahlen teilzunehmen: Anlässlich der Wahlen vom 7. und 8. Juni 1953 verlassen 31 Sonderzüge die Schweiz. Diese Tradition wird fortgeführt; im Jahr 1958 fahren 90 000 Migranten zu den Wahlen, im Jahr 1963 sind es 180 000 (35 bis 40 % der stimmberechtigten Migranten).

Italien behält ein gewisses Mass an Kontrolle über die Auswanderung, denn die schweizerischen Arbeitgeber sind verpflichtet, sich für die Rekrutierung von Arbeitskräften an das italienische Konsulat zu wenden. Die Schweizer Behörden sind ihrerseits bemüht, eine zu starke Politisierung der italienischen Arbeiter zu verhindern. So werden im Jahr 1955 rund 20 Italiener, die bei der Firma Sulzer arbeiten und Mitglied der Partei der Arbeit (PdA) sind, festgenommen und des Landes verwiesen.

Einwanderungsland Schweiz

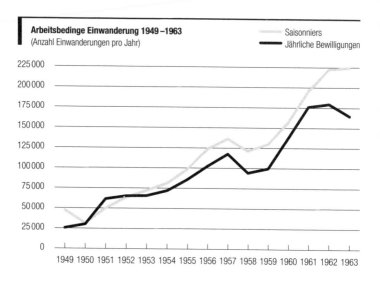

Quelle: Staatssekretariat für Wirtschaft

Ungefähr die Hälfte der jährlich in die Schweiz einreisenden Arbeitskräfte sind Saisonniers, die lediglich zu einem neunmonatigen Aufenthalt berechtigt sind (Bewilligung A), die andere Hälfte setzt sich aus Personen zusammen, die im Besitz einer Jahresaufenthaltsbewilligung (Bewilligung B) oder einer Niederlassungsbewilligung (C) sind.

Der Zustrom von Frauen aus Deutschland und Österreich

Italien liefert während dieser ersten Einwanderungsphase nicht als einziges Land Arbeitskräfte. Zwar besteht die Gruppe der Saisonniers fast ausschliesslich aus Italienern männlichen Geschlechts; ab 1949 beginnen aber auch die weiblichen Arbeitskräfte aus Deutschland und Österreich für die längerfristige Einwanderung eine wichtige Rolle zu spielen. Da weibliche Arbeitskräfte reichlich vorhanden sind, hat die französische Besatzungsmacht gegen deren Auswanderung offenbar weniger einzuwenden. Während elf aufeinander folgenden Jahren – bis 1959 – übersteigt in der Schweiz die nicht saisonale Einwanderung von Frauen jene der Männer, und die Differenz ist nicht gering: 450 000 Migrantinnen stehen rund 370 000 Migranten gegenüber. Die Anwerbung weiblicher Arbeitskräfte – normalerweise sehr junge, unverheiratete Frauen – erklärt sich aus dem erheblichen Personalbedarf im häuslichen Bereich (Hausangestellte, Kinderbetreuerinnen), in der Textil- und der Lebensmittelbranche, wo die Entwicklung in vollem Gang ist.

Arbeitsfelder der Migranten: Vorwiegend Industrie und Baubranche

Im Jahr 1950 beträgt die Anzahl niedergelassener Ausländer 271 000 Personen oder 5,8 % der Gesamtbevölkerung. Bis ins Jahr 1960 steigt diese Zahl auf 476 000, was 9,1 % der Gesamtbevölkerung entspricht. War die Aktivität der Ausländer auf die diversen Wirtschaftszweige im Jahr 1950 noch ungefähr gleich verteilt wie bei den Einheimischen, so findet im Verlauf dieses Jahrzehnts starker Einwanderung eine markante Konzentration statt.

In der Industrie bleibt die Gesamtzahl der Arbeitsplätze während zehn Jahren fast unverändert, es zeigt sich aber eine deutliche Entwicklung hin zum Ersatz von Schweizer Angestellten durch Ausländer. Während die Zahl der Letzeren um 118 000 zunimmt, geht die Anzahl der Schweizer um dieselbe Zahl zurück. In einer Zeit fast ohne Arbeitslosigkeit wandern die Schweizer immer mehr in die besser bezahlten Bereiche anderer Wirtschaftszweige ab. Einen deutlichen Anstieg der ausländischen Beschäftigten verzeichnet auch die Baubranche. Relativ schwach vertreten sind die Ausländer hingegen in folgenden Branchen: Landwirtschaft, graphisches Gewerbe, chemische Industrie, Uhrenbranche, Handel, Banken, Versicherungswesen, Transport, Verwaltung, Gesundheitswesen und Bildungsbereich.

Verteilung der Schweizer Wohnbevölkerung nach wirtschaftlicher Tätigkeit im Jahr 1960				
	Schweizer		Ausländer	
Land- und Forstwirtschaft	262 016	12,5 %	18 175	4,3 %
Bergbau und Gewinnung von Steinen	4 795	0,2 %	1 688	0,4 %
Industrie und Handwerk	811 146	38,8 %	188 409	44,7 %
Baugewerbe	159 226	7,6 %	80 228	19,0 %
Elektrizität, Gas und Wasser	21 381	1,0 %	377	0,1 %
Handel, Banken, Versicherungen	320 786	15,3 %	25 429	6,0 %
Verkehr	131 202	6,3 %	3 876	0,9 %
Gastgewerbe	77 463	3,7 %	36 093	8,6 %
Andere Dienstleistungen	238 871	11,4 %	49 482	11,7 %
Internatspersonal	77 641	3,7 %	17 349	4,1 %
Erwerbslose	3 650	0,3 %	477	0,1 %
Nicht vollzeitlich Erwerbstätige	47 042	2,2 %	3 928	0,9 %
Total Erwerbstätige und Erwerbslose	2 090 828	100,0 %	421 583	100,0 %

Quelle: Bundesamt für Statistik – Eidgenössische Volkszählung 1960

Der Ursprung des Rotationsprinzips bei den Arbeitskräften: Rückkehr in die Herkunftsländer

Während die Zahl der Immigranten in der Schweiz weiter steigt, besteht eines der wichtigsten Ziele der Migrationspolitik der Nachkriegszeit darin, der Einwanderung einen reversiblen, provisorischen Charakter zu verleihen. Die Angst vor einem Konjunkturumschwung ist gross, und die Überzeugung, die der Bundesrat schon 1924 in seiner Botschaft zum geplanten Ausländergesetz (das 1931 in Kraft trat) vertritt, behält ihre volle Aktualität: «Gegen den Zudrang ist aber unter dem Gesichtspunkt der Überfremdungsabwehr nur dann nichts einzuwenden, wenn der Ausländer keine Niederlassung beabsichtigt.» Sobald ein Immigrant eine gewisse Summe verdient hat, erwartet man von ihm, dass er die wohlverdiente Rückkehr in sein Heimatland plant. Der ideale Migrant zögert nicht. Pikanterweise ist es gerade dieses Argument, mit dem sich die Schweiz darüber hinwegtröstet, dass sie in den deutschen Grenzregionen keine Arbeitskräfte rekrutieren kann. Das Bundesamt für Industrie, Gewerbe und Arbeit (BIGA) stellt in der Tat fest, die italienischen Arbeiter würden «sehr viel mehr an ihrem Land hängen als die Deutschen» und hätten darum «keinerlei Absicht, sich in der Schweiz niederzulassen, sondern kehrten nach einigen Jahren aus eigenem Antrieb in ihr Herkunftsland zurück» (zitiert nach Cerutti 2005, S. 91).

Das Rekrutierungsabkommen von 1948 mit Italien ist unmittelbarer Ausdruck einer solchen Konzeption von Einwanderung, die keine Niederlassungen vorsieht: Es legt fest, dass die italienischen Arbeitnehmer in den ersten zehn Jahren nur Jahresbewilligungen erhalten und erst nach Ablauf dieser Frist in den Genuss einer unbefristeten Aufenthaltsbewilligung kommen können. Einige Jahre später wird dieses Modell auf die deutschen und österreichischen Arbeitskräfte ausgedehnt. Dank der vom BIGA periodisch durchgeführten Erhebungen sind die Behörden jederzeit in der Lage zu überblicken, wie viele Arbeitnehmer im Begriff sind, die Limite von zehn Jahren zu überschreiten. Ebenfalls aus Gründen der Flexibilität empfiehlt das BIGA den Arbeitgebern, wenn immer möglich saisonale Arbeitskräfte zu bevorzugen.

Während dieser Periode können Jahresbewilligungen nur dann erneuert werden, wenn es den Arbeitnehmern gelingt, ihre Stelle zu behalten. Ausserdem wird den Arbeitgebern empfohlen, auf die Erneuerung der Bewilligung bei jenen Personen zu verzichten, die «in beruflicher oder charakterlicher Hinsicht unbefriedigend sind» (zitiert nach Cerutti 2005, S. 94). Damit wird ein Migrantentypus begründet, der bald Berühmtheit erlangen wird, der Typus des «Gastarbeiters», wobei der Begriff – der auch in Deutschland gebräuchlich ist, sich aber nicht in andere Sprachen übersetzen lässt – deutlich auf den temporären Charakter der Migration verweist, wobei eine Integration in die nationale Gemeinschaft nicht erwünscht ist.

Das Gegenstück zum lediglich temporären Aufenthalt der Einwanderer in der Schweiz ist ein hohes Mass an Freiheit, und zwar sowohl für Arbeitgeber, die im Ausland anwerben wollen, als auch für Arbeitnehmer, die in der Schweiz eine Stelle suchen. So beginnen ab 1958 auch Spanier als Touristen in die Schweiz zu reisen, um Arbeit zu suchen, was ihnen meist auch gelingt. Im Bestreben, die Auswanderung unter Kontrolle zu halten, unterzeichnet die spanische Regierung im März 1961 ein Abkommen über die Arbeitsmigration, das dem schweizerisch-italienischen Rekrutierungsabkommen von 1948 gleicht. Das Abkommen wird in der Schweiz positiv aufgenommen, weil es dem Wunsch des Landes entspricht, die Herkunft der ausländischen Arbeitskräfte zu diversifizieren. Der freisinnige Waadtländer Nationalrat A. Jaunin stellt beispielsweise fest, er hoffe, «dass wir mit dem Eintreffen eines neuen Kontingentes spanischer Arbeitskräfte für die Landwirtschaft rechnen können, damit die italienischen Arbeiter, die vor allem in Bezug auf die Arbeitszeiten immer höhere Ansprüche stellen, die Konkurrenz der spanischen Arbeitskräfte zu spüren bekommen» (zitiert nach Cerutti 2005, S. 106).

Diese Politik der «offenen Türen» wird bis zum Beginn der sechziger Jahre fortdauern.

3

Fremdenfeindlichkeit und Plafonierungsversuche 1963–1973

Steigender Druck: Konjunkturüberhitzung, Forderungen aus Italien, Fremdenfeindlichkeit

Die auf der Idee einer «Rotation» der Arbeitskräfte basierende, liberale Zulassungspolitik führt seit Anfang der 1960er Jahre zu Spannungen. Zum ersten Mal in der Nachkriegszeit schalten sich die Behörden ein, um die Einwanderung zu beschränken. Dieser Entwicklung liegen drei Hauptfaktoren zugrunde: die Überhitzung der Wirtschaft, der von Italien ausgeübte Druck zur Verbesserung des Status seiner Bürger und das Aufkommen einer fremdenfeindlichen Strömung in der Öffentlichkeit.

Die Angst vor einer inflationistischen Wirkung der Einwanderung
Als «Überhitzung» der Wirtschaft wird im damaligen Jargon ein Nachfrageüberhang bei Gütern und Dienstleistungen bezeichnet, wie er für die Schweiz jener Zeit typisch ist: Die Auftragslage ist gut, die Wohnungsnot steigt, und die Preise klettern nach oben. Ein Rückgang der Einwanderung scheint das geeignete Mittel, um diese Entwicklung zu bremsen; denn obwohl die Ausländer an der Steigerung der Produktion mitwirken, wirft man ihnen vor, durch die Beanspruchung

von Wohnraum und den Konsum von Gütern und Dienstleistungen zur Überhitzung beizutragen. Dies ist auch die Optik einer Kommission, die die Problematik der ausländischen Arbeitskräfte untersuchen soll. In ihrem Bericht, den sie im Jahr 1964 dem Bundesrat vorlegt, heisst es: «Es sprechen deshalb gewichtige wirtschaftliche Gründe dafür, künftig der weiteren Expansion unserer Wirtschaft, die sich vorwiegend auf eine Vermehrung des Ausländerbestandes stützt, entgegenzuwirken und die Zulassungspraxis vermehrt auf das Ziel der Produktivitätssteigerung auszurichten» (S. 113). Die These, die Einwanderung habe eine inflationistische Wirkung, wird durch spätere Analysen stark in Zweifel gezogen. Trotzdem vermag diese These zu erklären, warum manche Wirtschaftskreise sich von der «Politik der offenen Türen» distanzieren.

In einer ersten Phase überlässt man es der Eigeninitiative der Unternehmer, die Immigration zu reduzieren. Im Januar 1962 rufen die Arbeitgeberverbände ihre Mitglieder dazu auf, sowohl die Preise als auch die Anzahl ihrer Angestellten – besonders der Ausländer – zu stabilisieren. Dieser Appell erweist sich aber als Flop: Die Einwanderung geht nicht zurück, und auch die Preise steigen weiter.

Die «einfache Plafonierung»

Erst nach dem gescheiterten Appell der Arbeitgeberorganisationen greift der Bund ein und erlässt am 1. März 1963 einen Bundesbeschluss. Dabei stützt er sich auf Artikel 16 Absatz 1 des Gesetzes über Aufenthalt und Niederlassung der Ausländer aus dem Jahr 1931, in dem es heisst: «Die Bewilligungsbehörden haben bei ihren Entscheidungen die geistigen und wirtschaftlichen Interessen sowie den Grad der Überfremdung des Landes zu berücksichtigen.» Im Jahr 1963 erhalten ausländische Arbeitskräfte nur dann eine Aufenthaltsbewilligung, wenn sie in Betrieben beschäftigt sind, deren Mitarbeiterzahl (Schweizer und Ausländer zusammengerechnet) nicht mehr als 2 % über der Mitarbeiterzahl von Dezember 1962 liegt. Diese Regelung bezeichnet man als «einfache Plafonierung». Sie stellt einen Versuch dar, die Einwanderung und das exzessive Wirtschaftswachstum durch eine Begrenzung des Personalbestandes in jedem einzelnen Betrieb zu bremsen.

Das Ergebnis dieser Massnahme ist enttäuschend: Nach fünf Monaten verzeichnet man einen Anstieg der Zahl ausländischer Arbeitnehmer um 50 000. Die Regierung sieht sich zu weitergehenden Massnahmen veranlasst und verfügt in ihrem Erlass vom 21. Februar 1964, der effektive Personalbestand der Unternehmen sei um 3 % zu senken. Aber auch diese Massnahmen führen nicht überall zum erhofften Resultat, und die Zahl der Ausländer steigt schon vor August 1964 wieder um 30 000 an.

Dass die einfache Plafonierung ihre Wirkung verfehlt, liegt daran, dass eine beträchtliche Zahl schweizerischer Arbeitnehmer während dieser Phase ihre Stelle im Sekundärsektor aufgibt, um in den Tertiärsektor hinüberzuwechseln. Die Betriebe ersetzen diese abgehenden Arbeitnehmer durch Ausländer, ohne dabei den Personalbestand in der Industrie insgesamt zu erhöhen. Hinzu kommt, dass die Kontrolle der Plafonierungsmassnahmen ziemlich flexibel gehandhabt wird und die Arbeitgeber die Möglichkeit haben, zahlreiche Ausnahmeregelungen in Anspruch zu nehmen.

Das zweite Abkommen mit Italien vertritt die Interessen der 400 000 italienischen Migranten in der Schweiz

So sieht das Umfeld aus, als sich das politische Klima unter dem Einfluss eines externen Faktors tief greifend wandelt: Italien setzt die Schweiz unter Druck, das Rekrutierungsabkommen von 1948 zu revidieren. Über 400 000 Italienerinnen und Italiener leben mittlerweile in der Schweiz, und Italien ist bestrebt, bei deren Aufenthaltsbedingungen verschiedene Verbesserungen zu erreichen. Wegen heftiger Unstimmigkeiten zwischen den beiden Ländern werden die Anfang 1961 begonnenen, schwierigen Verhandlungen mehrmals unterbrochen. Italien übt erheblichen Druck aus, indem es implizit damit droht, das Abkommen von 1948 zu kündigen; für die Schweiz würde dies den Verlust unentbehrlicher Arbeitskräfte bedeuten. Die Schweiz steht bei der Rekrutierung von Arbeitskräften in Konkurrenz mit

Deutschland und Frankreich und sieht sich gezwungen, Zugeständnisse zu machen. Die Vorstellung, den privilegierten Zugang zu den italienischen Migranten zu verlieren und sich in Ländern wie Griechenland, der Türkei, Jugoslawien oder Portugal umsehen zu müssen, löst bei der Regierung deutliches Missfallen aus, wie ein von Cerutti (2005, S. 133) zitiertes Rundschreiben aus dem Eidgenössischen Justiz- und Polizeidepartement belegt: «Die politischen, sozialen, kulturellen und auch religiösen Vorstellungen und Traditionen [dieser ‹fernen Länder›] unterscheiden sich fundamental von den unsrigen, [was] ihnen die Anpassung an unsere Lebens- und Arbeitsbedingungen erschwert und die Gefahr von Konflikten mit der einheimischen Bevölkerung erhöht.» Ein Kompromiss findet sich erst Anfang 1964. Das am 10. August 1964 in Rom unterzeichnete Abkommen zwischen Italien und der Schweiz ermöglicht es, weiterhin Arbeitskräfte aus Italien zu rekrutieren. Es zwingt die Schweiz aber auch dazu, ihre Ausländerpolitik zu ändern, und zwar in drei Bereichen:

Die seit mindestens 5 Jahren in der Schweiz ansässigen Arbeitnehmer erhalten zwar nicht – wie von den italienischen Verhandlungspartnern gefordert – die Niederlassungsbewilligung. Sie bekommen aber das Recht, ihre Stelle zu wechseln, und man gibt ihnen eine gewisse Aufenthaltsgarantie;

Saisonniers, die während 5 aufeinander folgenden Jahren mindestens 45 Monate in der Schweiz gearbeitet haben, erhalten nun Anspruch auf eine Jahresbewilligung;

Bei Inhabern von Aufenthaltsbewilligungen wird die Wartefrist für den Familiennachzug von 36 auf 18 Monate verkürzt.

Angst vor «Überfremdung»

Auch wenn die Neuerungen nicht spektakulär wirken, so stehen sie doch quer zu dem von der schweizerischen Regierung bekundeten Willen, die ausländische Bevölkerung zu begrenzen. Entsprechend dauert es nicht lange, bis sich die Öffentlichkeit mit aufgeregten Reaktionen und einer veritablen Medienschlacht zu Wort meldet. Darin wird der Bundesrat als Marionette der italienischen Regierung dargestellt, und im eben beschlossenen Abkommen sieht man eine Vereinbarung, die die Gefahr der «ausländischen Übervölkerung» deutlich erhöhe. Besonders harsche Kritik erntet der Familiennachzug, weil sich dieser auf den Wohnraum und die Schulen auswirkt. Immer häufiger wird der Begriff der Überfremdung ins Spiel gebracht, um einen «übermässigen Einfluss» der Ausländer auf das wirtschaftliche, intellektuelle und geistige Leben der Schweiz zu bezeichnen.

Dieser Aufschrei der Empörung hat seine Wurzeln in der zunehmenden Fremdenfeindlichkeit, die sich in der Schweiz seit Anfang der sechziger Jahre bemerkbar macht. Zusätzlichen Auftrieb bekommt diese Haltung durch die Gründung nationalistischer Organisationen und Vereine, die gegen die Regierungspolitik und für einen Einwanderungsstopp kämpfen. Es sind dies aber nicht die einzigen Kreise, die das Abkommen kritisieren und eine Begrenzung der ausländischen Erwerbsbevölkerung verlangen. Im Januar 1965 fordert der Schweizerische Gewerkschaftsbund (SGB), dass die Limite von 500 000 ausländischen Arbeitnehmern im Jahresdurchschnitt nicht überschritten werden dürfe. Die Arbeitgeber ihrerseits kritisieren die Schweizer Unterhändler wegen ihrer «sozialen» Zugeständnisse und sprechen sich dafür aus, dass auch in weiter entfernten Ländern Arbeitskräfte rekrutiert werden sollten.

Angesichts der gegnerischen Mobilisierung rechtfertigt der Bundesrat das Abkommen mit Italien mit dem anhaltenden Wirtschaftswachstum, das zu einer Ausdehnung der Aufenthaltsdauer von Ausländern geführt habe. Entsprechend sei es unumgänglich, den rechtlichen und sozialen Status jener Ausländer, die sich längere Zeit in der Schweiz aufhielten, zu revidieren und an die aktuellen Bedürfnisse anzupassen. Um die Angst vor einer «ausländischen Machtübernahme» zu zerstreuen, verkündet der Bundesrat, bei der Einwanderung sei die Höchstgrenze erreicht, er werde dafür sorgen, dass die seit 1963 bestehenden Plafonierungsmassnahmen weiter ausgebaut würden. Im Übrigen distanziert sich die Schweizer Regierung jetzt zum ersten Mal vom alten Konzept einer vorübergehenden Einwanderung: «Wir müssen uns endlich darüber Rechenschaft geben, dass die ausländischen Arbeitskräfte nicht nur wegen einer momentanen konjunkturellen Anspannung in die Schweiz gekommen, sondern zu einem unerlässlichen Faktor unseres Wirtschaftslebens geworden sind. Unsere zukünftige Zulassungspolitik wird sich nicht darauf beschränken können, nur die Einreise neuer Arbeitskräfte einzudämmen; sie wird in vermehrtem Masse darauf ausgerichtet werden müssen, die bewährten Arbeitskräfte zu erhalten und zu assimilieren. Die mit Italien getroffene Regelung bewegt sich in dieser Richtung» (Bundesrat 1964, S. 1024). Und weiter stellt die Regierung fest: «Wir haben die Dinge jahrelang fast ausschliesslich unter ökonomischen Gesichtspunkten betrachtet. Es ist Zeit, dass wir auch den menschlichen Aspekten vermehrte Aufmerksamkeit schenken» (S. 1021).

Nach langem Zögern und heftigen Debatten stimmen die eidgenössischen Räte dem Abkommen zwischen der Schweiz und Italien am 17. März 1965 zu. Anzumerken ist auch, dass der Bundesrat in der Zwischenzeit einiges an Glaubwürdigkeit zurückgewonnen hat, weil er gegenüber italienischen Arbeitnehmern, die die Aufenthaltsbestimmungen nicht in allen Einzelheiten erfüllten, besonders harte Massnahmen verfügt hat. Auf diese Weise sind in den ersten Monaten des Jahres 1965 zweitausend italienische Arbeitnehmer, die in die Schweiz einreisen wollten, an den Bahnhöfen von Brig und Chiasso zurückgewiesen worden.

Die «doppelte Plafonierung»: Die Schweiz wagt ein Experiment

Auf der Suche nach einem wirksamen Mittel, sein Versprechen zu halten und sowohl die Einwanderung zu begrenzen als auch überhaupt die Konjunktur, deren Überhitzung man befürchtet, zu drosseln, beschliesst der Bundesrat in seinem Erlass vom 9. Februar 1965 eine doppelte Plafonierung: Er verfügt für alle Betriebe die Reduktion des ausländischen Personals um 5 % und untersagt gleichzeitig jeden Anstieg des Gesamtbestandes an Arbeitskräften. Weiter dürfen ausländische Arbeitnehmer nicht mehr in die Schweiz reisen, um Arbeit zu suchen, wenn sie nicht bereits vorher, das heisst vom Ausland aus, die nötigen Schritte zum Erwerb einer Aufenthaltsbewilligung unternommen haben. Nicht mehr möglich ist ausserdem die Legalisierung ausländischer Arbeitnehmer, die in die Schweiz eingereist sind, ohne diese Bestimmungen zu erfüllen. Es sind diese Massnahmen, auf die man sich bei der erwähnten Zurückweisung von Einwanderungswilligen stützt.

Die Konsequenzen der doppelten Plafonierung sind indessen zwiespältig: Indem sie die Anzahl der Beschäftigten limitiert, bremst die Plafonierung die Entwicklung der expandierenden Unternehmen, während sie zugleich den weniger wettbewerbsorientierten Betrieben einen künstlichen Schutz bietet. Dieses Problem ist den Behörden durchaus bekannt; zu jenem Zeitpunkt scheinen aber keine alternativen Lösungen in Sicht zu sein. So bleibt die doppelte Plafonierung auch in den Jahren 1966 und 1967 in Kraft, obwohl manche Unternehmer – vor allem jene in der Westschweiz – dagegen sind und die Massnahmen als übertrieben restriktiv betrachten. Auf die Erfahrungen anderer Länder kann die Schweiz nicht zurückgreifen, ist sie doch zu jener Zeit als einziges Land mit dem Problem konfrontiert, dass sie die Einwanderung beschränken muss, obwohl die Nachfrage in der Wirtschaft gross ist. Damit befindet sich das Land in einem riskanten Prozess politischen Experimentierens.

Die erste Initiative gegen die «Überfremdung»

Obwohl seit 1964 zuerst ein Rückgang, dann eine Stabilisierung der Anzahl neu zugewanderter Arbeitskräfte zu verzeichnen ist, steigt der Ausländeranteil in der Bevölkerung weiter an. Der Grund dafür liegt insbesondere im Familiennachzug (vgl. Graphik, S. 30). Die fremdenfeindlichen Bewegungen lassen sich die Gelegenheit nicht entgehen, dieses Argument in der Abstimmungskampagne zur ersten «Überfremdungsinitiative» zu nutzen. Von einer kleinen nationalistischen Partei lanciert – der Demokratischen Partei des Kantons Zürich –, verlangt die Initiative eine Ergänzung der Verfassung durch einen Artikel, in dem der Ausländeranteil bei maximal 10 % der Wohnbevölkerung plafoniert wird; in diesem Anteil inbegriffen sind sowohl niedergelassene Ausländer als auch Jahresaufenthalter. Die Volksinitiative ist Teil jener Meinungsbewegung, die sich im Anschluss an das Abkommen zwischen der Schweiz und Italien herausgebildet hat. Die Forderung der Initiative lautet: «Um die Überfremdungsgefahr abzuwehren, ist der Bestand an ausländischen Aufenthaltern vom Inkrafttreten dieser Bestimmung an bis zur Erreichung der höchstzulässigen Zahl an Ausländern (…) jährlich um mindestens fünf Prozent zu vermindern.»

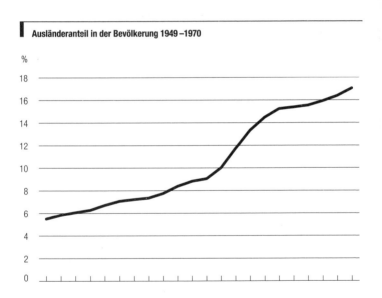

Quelle: Bundesamt für Statistik (durchschnittliche Wohnbevölkerung)

Obwohl der Bundesrat mit dem Initiativkomitee darin übereinstimmt, dass die starke Zunahme des Ausländerbestandes in den letzten Jahren eine ernsthafte Überfremdungsgefahr darstelle, ist er der Überzeugung, dass die geforderten Massnahmen für die Schweizer Wirtschaft nicht tragbar seien (der Ausländerbestand müsste um rund 260 000 verringert werden, wobei 200 000 dieser Personen einer Erwerbstätigkeit nachgehen). Aus Sicht des Bundesrates geht die Initiative zu weit. Er empfiehlt dem Volk, ein Nein in die Urne zu legen, und verspricht zugleich, die nötigen Massnahmen zu ergreifen, um den Ausländeranteil zu senken. Im Bewusstsein, dass der Ausländeranteil infolge des Familiennachzugs und der Geburten weiter steigen wird, insistiert der Bundesrat darauf, die Einbürgerungsbestimmungen für in der Schweiz aufgewachsene ausländische Kinder zu lockern.

Der bundesrätliche Beschluss über die Reduktion des Ausländeranteils vom 28. Februar 1968 folgt der Logik der vorhergehenden Beschlüsse und stellt zugleich eine Reaktion auf die Volksinitiative dar: Er kündigt eine dreiprozentige Reduktion des Ausländeranteils bis Ende 1968 an und sieht bis Ende 1969 eine weitere Reduktion um 2 % vor. Angesichts dieser Situation wird die Initiative im März 1968 zurückgezogen. Der Bundesrat hat das Vertrauen des Initiativkomitees zurückgewonnen, aber der Bundesbeschluss wird zum Misserfolg: Zwischen Ende 1967 und Ende 1968 steigt der Anteil an Ausländern mit Bewilligung B oder C von 891 000 auf 933 000, was einer Erhöhung um 4,8 % entspricht. Damit steigt der Ausländeranteil an der Gesamtbevölkerung auf über 16 %.

Die zweite Initiative und die Forderungen von Schwarzenbach

In der Öffentlichkeit wird der Bundesrat für die erneute Zunahme der ausländischen Bevölkerung verantwortlich gemacht, und die Behörden sind erneut mit einer Vertrauenskrise konfrontiert. Am 20. Mai 1969 wird mit 70 000 Unterschriften eine zweite Volksinitiative gegen die Überfremdung eingereicht; das Initiativkomitee besteht aus Mitgliedern der «Nationalen Aktion gegen die Überfremdung von Volk und Heimat». Diese zweite, nach ihrem Urheber James Schwarzenbach benannte Initiative ist noch restriktiver als die erste: Der Ausländeranteil darf in keinem Kanton die 10-%-Grenze überschreiten (einzige Ausnahme ist der Kanton Genf, wo man den

Ausländeranteil bei maximal 25 % ansetzt). Ausserdem soll kein Schweizer Bürger entlassen werden können, solange Ausländer derselben Berufskategorie im gleichen Betrieb tätig sind.

Die vom Initiativkomitee verlangten Massnahmen beinhalten den Abbau von rund 200 000 Arbeitnehmern mit Aufenthaltsbewilligung. Der Bundesrat setzt sich dezidiert gegen die Initiative ein. Nach seiner Einschätzung besteht die Gefahr, dass die geforderten Massnahmen gegen die bilateralen Abkommen mit Italien und Spanien verstossen und zudem die Prinzipien der Europäischen Menschenrechtskonvention verletzen, welche die Schweiz zu ratifizieren im Begriff steht. Die Regierung kommt zum Schluss: «Ein solcher übermässiger Abbau ist volkswirtschaftlich nicht tragbar, da er zu schweren wirtschaftlichen Störungen und insbesondere zu zahlreichen Betriebsschliessungen führen würde, wodurch auch die schweizerischen Arbeitnehmer betroffen würden. Auch aus staatspolitischen Gründen drängen sich derart drastische Massnahmen nicht auf. Das vorliegende Volksbegehren gegen die Überfremdung, das in seinen Auswirkungen noch erheblich weiter geht als die erste Überfremdungsinitiative, ist daher abzulehnen» (Bundesrat 1969; Bundesblatt S. 1065).

Im Kampf gegen die «Überfremdung» propagieren die Behörden einmal mehr eine Politik, die darauf abzielt, eine Zunahme der ausländischen Bevölkerung zu verhindern und die bereits in der Schweiz lebenden Ausländer zu assimilieren. Seit 1967/68 hat sich die Lage aber geändert: Jetzt steht ein grosser Teil der Öffentlichkeit hinter den Zielen der Initiative, so dass Letztere gute Chancen hat, angenommen zu werden. Wenn die Behörden keine Niederlage riskieren und nicht desaströse Folgen für die Wirtschaft in Kauf nehmen wollen, müssen sie sehr rasch handeln und das Vertrauen der Bevölkerung zurückgewinnen. Das Bundesamt für Industrie, Gewerbe und Arbeit (BIGA) schlägt den Kantonen und den Arbeitgeber- und Arbeitnehmerorganisationen gesamtwirtschaftliche Plafonierungsmassnahmen vor: Jedes Jahr soll ein Kontingent für neue Immigranten bestimmt werden, wobei man als Berechnungsgrundlage die geschätzte Anzahl Auswanderungen heranzieht. Mit dieser Quotenregelung soll jede unkontrollierte Zunahme der ausländischen Bevölkerung verhindert werden. Am 16. März 1970, drei Monate vor der Abstimmung über die Volksinitiative, beschliesst der Bundesrat, die neue Regelung einzuführen, obwohl Kantone und Arbeitgeber massive Kritik üben und einzig die Gewerkschaften die Regelung begrüssen. Mit einer Erklärung versucht der Bundesrat, der Öffentlichkeit zu versichern, dass diese Entscheidung die dauerhafte Beschränkung der ausländischen Bevölkerung garantiere. Weiter gibt er das Versprechen ab, diese «Kontingentierungspolitik» nach Ablehnung der Volksinitiative fortzuführen.

Die historische Abstimmung vom 7. Juni 1970

Das Vorgehen, einer Volksinitiative auf diese Weise vorzugreifen, stellt in der schweizerischen Politik eine Ausnahme dar. Wenn man bedenkt, was auf dem Spiel steht und wie gross die Spannungen sind, kann man die Abstimmung vom 7. Juni 1970 als eine der wichtigsten in der neueren Geschichte der Schweiz bezeichnen. Die Medienaufmerksamkeit ist grösser als bei den wichtigsten Sportereignissen. Drei Viertel der Stimmberechtigten gehen an die Urne – eine Rekordbeteiligung –, und das Resultat fällt knapp aus: Die Initiative wird mit 654 844 bzw. 54 % Nein-Stimmen abgelehnt. In sechs Kantonen und zwei Halbkantonen wird sie angenommen. Der Bundesrat hat gewonnen, aber er steht einmal mehr unter Druck, sein Versprechen wahrzumachen: die Reduktion der Einwanderung.

Die Entstehung des Gesamtplafonierungssystems

Die Schwarzenbach-Initiative hat die Schweiz an den Rand einer grösseren politischen Krise gebracht. Obwohl sie verworfen wurde, markiert die Initiative einen Wendepunkt in der Einwanderungspolitik, denn sie ist dafür verantwortlich, dass eine «Politik der Gesamtplafonierung» mit jährlichen Zulassungsquoten eingeführt wird. Manche Kommentatoren sehen darin einen geschickten Schachzug der Schweizer Regierung und vor allem der Behörden: Die hohen Beamten hätten in gewisser Weise die Schwarzenbach-Initiative instrumentalisiert, um der Wirtschaft eine Lösung aufzuzwingen, die sie seit langem im Auge hatten und die sie für die einzig adäquate Variante hielten. Man kann es aber auch so sehen, dass der Handlungsspielraum der Regierung angesichts der Volksinitiative extrem eng wurde und der offene Druck der fremdenfeindlichen Strömungen schliesslich zu diesem Kompromiss führte – einem Kompromiss, der sowohl die Interessen der Arbeitgeberorganisationen berücksichtigt als auch die Interessen der Kantonsregierungen und die fremdenfeindliche Haltung eines Grossteils der Schweizer Bevölkerung.

Verliererin in diesem Drama ist die Wirtschaft, denn durch die Kontingentierung werden ihre Möglichkeiten, ausländische Arbeitskräfte anzustellen, rigoros beschnitten. Am härtesten trifft es jene Branchen, die in grösserem Umfang auf Immigranten angewiesen sind.

Dabei geht es um Arbeitskräfte und um eine ausländische Bevölkerung, die sich in den vergangenen zwanzig Jahren ihren Platz in der Gesellschaft und in der Schweizer Wirtschaft errungen hat.

Über eine Million Ausländer im Jahre 1970

Zum Zeitpunkt der eidgenössischen Volkszählung von 1970 zählt die Schweiz erstmals in ihrer Geschichte mehr als eine Million Ausländer. Die Hälfte von ihnen stammt aus Italien. Zahlenmässig an zweiter Stelle folgen die Deutschen mit einem Bevölkerungsanteil von 11 %. Denselben Anteil erreichen die erst seit kurzem einwandernden Spanier. Bei den Österreichern und den Franzosen, die früher einen wichtigen Teil der ausländischen Bevölkerung ausmachten, hat nur ein geringer Anstieg stattgefunden. Weiter zählt man 10 000 Griechen, 12 000 Türken und 25 000 Jugoslawen, was die Vielfalt der von den Schweizer Behörden akzeptierten Herkunftsländer zeigt. Zu erwähnen wären ausserdem einige Zehntausend Ungarn und Tschechen, die als Flüchtlinge in die Schweiz gekommen waren; von ihnen wird später noch die Rede sein. Insgesamt bleibt trotz der Familiennachzüge ein Männerüberhang bestehen (55 %), vor allem bei den Italienern (60 %) und den Türken (65 %). Die ausländische Bevölkerung besteht vorwiegend aus jungen Erwerbstätigen zwischen 20 und 40 Jahren. Ab 1970 zeichnet sich aber bereits eine aus der Migration hervorgehende «zweite Generation» ab: Der Anteil an Kindern zwischen 0 und 4 Jahren ist bei den Ausländern sogar bereits höher als bei den Schweizern.

Was die wirtschaftliche Tätigkeit angeht, so ist die Periode von 1960 bis 1970 durch eine gewisse Diversifizierung der Erwerbstätigkeit von Ausländern in Richtung jener Bereiche gekennzeichnet, die früher fast ausschliesslich Schweizern vorbehalten waren; dazu gehören insbesondere Handel, Transport und Dienstleistungen. Parallel dazu ziehen sich Schweizer Arbeitnehmer immer weiter aus manchen Branchen zurück, was die Konzentration der Ausländer weiter verstärkt. So beschäftigt die Industrie fast die Hälfte aller Ausländer, aber nur 32 % der erwerbstätigen Schweizer; in der Baubranche sind 19 % der Ausländer und 9 % der Schweizer Erwerbsbevölkerung tätig.

Einwanderungsland Schweiz

Altersstruktur der Schweizer Wohnbevölkerung, um 1970

■ % Schweizer/innen
▨ % Ausländer/innen

Quelle: Bundesamt für Statistik – Eidgenössische Volkszählung

Verteilung der Bevölkerung nach wirtschaftlicher Tätigkeit, um 1970

	Schweizer/innen		Ausländer/innen	
Land- und Forstwirtschaft	220 419	9,4 %	10 085	1,5 %
Energieversorgung	22 514	1 %	933	0,1 %
Industrie	741 775	31,8 %	302 031h	46,0 %
Baugewerbe	217 887	9,3 %	126 925	19,3 %
Handel	338 481	14,5 %	51 492	7,8 %
Gastgewerbe	89 042	3,8 %	45 075	6,9 %
Reparaturgewerbe	25 814	1,1 %	7 035	1,1 %
Verkehr	105 540	4,5 %	10 747	1,6 %
Kommunikation	52 890	2,3 %	726	0,1 %
Banken, Versicherungen, Immobilien und Beratungsunternehmen	148 353	6,4 %	18 007	2,7 %
Andere Dienstleistungen	370 144	15,9 %	82 791	12,6 %
Aktivität unbekannt	735	0,0 %	359	0,1 %
Total der Erwerbstätigen	2 333 594	100,0 %	656 206	100,0 %

Quelle: Bundesamt für Statistik – Eidgenössische Volkszählung

Die Umsetzung des neuen Systems und das Zentrale Ausländerregister

Durch die Einführung einer jährlichen Kontingentierung greift der Staat in den freien Arbeitsmarkt ein. Die Politik des Laissez-faire, wie sie in den fünfziger und sechziger Jahren dominierte, wird definitiv aufgegeben zugunsten von Massnahmen, die «ein ausgewogenes Verhältnis zwischen dem Bestand der schweizerischen und dem der ausländischen Wohnbevölkerung» (BVO, Art. 1a.) herbeiführen sollen. Jedes Jahr wird eine Verordnung über die Begrenzung der Zahl der Ausländer (BVO) erlassen, um dieses Gleichgewicht zahlenmässig zu definieren. Das Bundesamt für Ausländerfragen bedient sich dabei eines statistischen Instruments: Im Zentralen Ausländerregister

(ZAR) sind alle Ausländer erfasst, die im Besitz einer Saisonnier-, Aufenthalts- oder Niederlassungsbewilligung sind. Auf diese Weise kann der zahlenmässige Rückgang des Ausländeranteils im Verlauf des Jahres – Rückkehrer, aber auch Todesfälle und Einbürgerungen – ermittelt werden. Diese Daten dienen als Basis, um die Zulassungsquote für neue Arbeitskräfte im Folgejahr zu bestimmen. Kantone, Gemeinden und Bundesämter sind angehalten, regelmässig Informationen zu liefern über die Identität und den Rechtsstatus der Ausländer, über Änderungen des Zivilstandes, Wohnorts- und Stellenwechsels sowie über die Branchen, in denen die Ausländer tätig sind. So führen die Massnahmen der Gesamtkontingentierung dazu, dass der Schweizer Staat ein Kontrollinstrument für Ausländer schafft, das er auf seine eigenen Bürger nicht anwenden könnte, weil es dafür keinerlei rechtliche Grundlage gibt. Ein Hinweis darauf, welchen Stellenwert die Immigration in der schweizerischen Politik erlangt hat: Das ZAR war zu jener Zeit das teuerste statistische Instrument, das dem Bund zur Verfügung stand.

Die Ära der ausgehandelten Jahresquoten
Infolge der stärkeren staatlichen Intervention bei der Zulassung übersteigt die Nachfrage nach ausländischen Arbeitskräften das Angebot, und die landesweite Verteilung dieses Angebots regelt sich nicht mehr über den Markt. Wie die jährlichen Quoten verteilt werden, entscheiden die Bundesbehörden in einem Aushandlungsprozess mit kantonalen Verwaltungen, Unternehmen und Sozialpartnern. Dieser Prozess besteht aus drei Phasen. Als Erstes erarbeitet die Bundesverwaltung einen Verordnungsentwurf. Dieser wird bei zahlreichen Akteuren, politischen Parteien und Sozialpartnern in die Vernehmlassung geschickt. Auf der Basis der entsprechenden Stellungnahmen wird die Verordnung revidiert und an den Bundesrat überwiesen, der sie schliesslich jedes Jahr auf den 1. November in Kraft setzt.

Trotz dieser Vernehmlassungsprozedur haben nicht alle Akteure während der Vorbereitungsphase das gleiche Gewicht. Die vielfältigen informellen Kontakte, die zu Beginn des Vorbereitungsprozesses stattfinden, verschaffen den Vertretern der Kantone und der Arbeitgeberorganisationen einen Vorteil gegenüber den Gewerkschaften.

Die Umsetzung der Verordnung geschieht auf drei Ebenen. Zuerst teilt der Bund auf direktem Weg jenen Unternehmen und Kantonen, die sich in einer «Notlage» befinden, ein Kontingent an Bewilligungen zu. Ein zweites Kontingent wird den Kantonen proportional zu ihrer Bevölkerungszahl zugesprochen, wobei die Kantone ihrerseits die Aufgabe haben, das Kontingent an die Unternehmen zu verteilen. So sieht der Bundesratsbeschluss vom 16. März 1970 vor, insgesamt 37 000 Aufenthaltsbewilligungen zu erteilen, wobei der Kanton Appenzell Innerrhoden 74 und der Kanton Zürich 5772 Bewilligungen bekommt.

Für die Verteilung der Bewilligungen an die Unternehmen werden auf kantonaler Ebene häufig Kommissionen eingesetzt, die sich paritätisch aus Vertretern der kantonalen Behörden, der Gewerkschaften und der Arbeitgeberorganisationen zusammensetzen. Teilweise delegieren die Kantone einen Teil ihrer Kompetenzen an die Gemeinden, vor allem im Fall der grösseren Städte. Die «Politik der Gesamtkontingentierung» stützt sich also auf ein sehr komplexes System mit mehreren Ebenen. Um die Unzufriedenheit der weniger attraktiven Branchen und der Randregionen zu beschwichtigen, die befürchten, Arbeitskräfte an die dynamischeren Wirtschaftszweige zu verlieren, beschneidet der Bundesrat weiterhin die Rechte der Ausländer: Diese dürfen ihre Stelle frühestens nach einem Jahr wechseln und erhalten erst nach drei Jahren das Recht, in einem anderen Kanton oder einem anderen Beruf zu arbeiten. Zudem entgehen manche Branchen der Kontingentierung bis 1974: Es sind dies der Gesundheits- und der Bildungsbereich sowie die Landwirtschaft.

Erste Bilanz eines komplexen Systems: Der Ausländeranteil steigt von 17 auf 18,4 %

Wird es dem Staat gelingen, dieses neue System in der Wirtschaft durchzusetzen und die Einwanderung in den Griff zu bekommen? Die Bilanz nach den ersten Jahren der Umsetzung fällt zwiespältig aus. Zwar sinkt die jährliche Zuwanderung von Arbeitskräften von 70 000 im Jahr 1970 auf wenig mehr als 50 000 in den Jahren 1971 bis 1973. Im selben Zeitraum steigt aber die Zahl der Saisonniers auf weit über 200 000, obwohl ihre Zahl eigentlich auf 152 000 plafoniert ist. Grund dafür ist das Fehlen wirksamer Kontrollen auf Kantonsebene. Der Föderalismus bleibt ein grosses Hindernis für die Umsetzung einer konsequenten Politik.

Es gibt noch einen weiteren Faktor, der die Plafonierungspolitik behindert. Das Abkommen, das die Schweiz 1964 widerwillig mit Italien abgeschlossen hat, um die Rekrutierung von Arbeitskräften fortsetzen zu können, verlangt, dass Saisonniers nach fünf aufeinander folgenden Jahren in der Schweiz automatisch eine Jahresbewilligung erhalten. Auf dieser Grundlage wirkt sich der Zustrom von Saisonniers unmittelbar auf die ansässige ausländische Bevölkerung aus. Eine weitere Zunahme ergibt sich aus dem Familiennachzug, der nicht von der Kontingentierung betroffen ist, sowie aus den zahlreichen Geburten ausländischer Kinder. All dies führt dazu, dass die in der Schweiz lebende ausländische Bevölkerung weiterwächst. Betrug sie im Jahr 1970 noch 1 059 000 Personen (17 % der Wohnbevölkerung), so ist sie im Jahr 1973 bei 1 175 500 Personen (18,4 %) angelangt.

Dritte Initiative: Ziel ist die Begrenzung der ausländischen Bevölkerung auf 500 000

Damit bleibt der Druck auf die Regierung unverändert hoch. Im November 1972 wird eine dritte Initiative «gegen die Überfremdung und Übervölkerung der Schweiz» eingereicht. Sie fordert, dass die ausländische Wohnbevölkerung bis Ende 1977 auf 500 000 reduziert werden solle. Auf diese Initiative reagiert die Regierung mit derselben Strategie wie bisher: Sie versucht die Bevölkerung davon zu überzeugen, dass ihre Stabilisierungspolitik funktioniert und dass die Initiative verheerende Folgen für die Wirtschaft und die diplomatischen Beziehungen hätte.

Und wiederum zahlt sich diese Strategie aus. An der Abstimmung vom 20. Oktober 1974 wird die Initiative mit einem Nein-Stimmen-Anteil von 65,8 % deutlich verworfen. Die Stimmbeteiligung beträgt beachtliche 70 %.

Noch einmal hat es die Regierung geschafft, das Schlimmste zu verhindern. Aber wird es ihr auch gelingen, die während der Kampagne eingegangenen Verpflichtungen zu erfüllen? Die Geschichte gibt keine eindeutige Antwort. Die erste Ölkrise wird das Wachstum der ausländischen Bevölkerung vorübergehend stoppen und paradoxerweise die diversen Akteure in der Migrationspolitik in einer Art Konsens zusammenbringen. Den Preis für diesen Konsens bezahlen die ausländischen Arbeitskräfte.

4

Das Ende der ersten Einwanderungswelle 1974–1984

Mit einer gewissen Verzögerung gegenüber anderen europäischen Ländern wird die Schweiz zu Beginn des Jahres 1975 von den Folgen der ersten Ölkrise getroffen, und zwar mit voller Wucht. Zwischen 1974 und 1977 werden in der Industrie 15,8 % der Arbeitsplätze abgebaut, in der Wirtschaft insgesamt sind es 10 %. Die Schweiz hat von allen OECD-Ländern den höchsten Stellenabbau zu verkraften.

Die Ölkrise: Die Ausländer trifft es zuerst

Die ausländischen Arbeitnehmer, vor allem die Italiener, sind als Erste von der Krise betroffen, und viele verlieren ihre Arbeit. Da sie aber eine Stelle brauchen, um ihre Aufenthaltsbewilligung verlängern zu können, bedeutet der Verlust des Arbeitsplatzes für sie zugleich die Rückkehr in ihr Herkunftsland. Von den 340 000 in der Schweizer Wirtschaft abgebauten Stellen betreffen 228 000, das heisst 67 %, ausländische Arbeitnehmer. Die Gesamtzahl der Arbeitskräfte mit Jahresbewilligung sinkt zwischen 1974 und 1976 um 86 000, jene der Saisonniers um 98 000. Um 1975 sinken die Ausländerzahlen erstmals seit dem Zweiten Weltkrieg, und im Verlauf von fünf Jahren sinkt der

Ausländeranteil in der Gesamtbevölkerung von über 18 % auf weniger als 16 %.

Dass die Rezession derart auf Kosten der Ausländer geht, liegt teils darin, dass die Ausländer in den von der Krise betroffenen Branchen besonders stark vertreten sind. In vielen Fällen werden die ausländischen Arbeitnehmer aber früher entlassen als ihre Schweizer Kollegen, weil manche Unternehmer eine gezielte Strategie verfolgen: die einheimischen Arbeitnehmer zu bevorzugen. Im November 1974 fordert die Fremdenpolizei des Bundes (das spätere Bundesamt für Migration) die kantonalen Behörden in einem Rundschreiben explizit auf, dafür zu sorgen, dass die ausländischen Arbeitskräfte als Erste entlassen werden. Ein weiterer Grund für die Rückkehr vieler Immigranten liegt darin, dass die Arbeitslosenversicherung zu jener Zeit nicht obligatorisch ist und zahlreiche ausländische Arbeitnehmer nicht versichert sind.

Wie viele Arbeitskräfte waren gezwungen, die Schweiz zu verlassen?
Aus Sicht vieler Beobachter hat die Schweiz in den 1970er Jahren gegenüber den ausländischen Arbeitnehmern eine Vertreibungspolitik betrieben, die wirtschaftlich vorteilhaft, ethisch aber fragwürdig war. Die damalige Regierung sah das anders: Aus ihrer Sicht gab es im Grunde keine unfreiwilligen Ausreisen, sie sah den Grund für die Abnahme der ausländischen Arbeitskräfte vielmehr im Rückgang der Rekrutierungen und in freiwilligen Ausreisen. Tatsächlich ist es so, dass die Rotation in der ausländischen Bevölkerung zu jener Zeit hoch war und bereits während der Hochkonjunktur jedes Jahr zahlreiche Ausländer die Schweiz verliessen.

Um zu beurteilen, welche dieser beiden Thesen zutrifft und wie (un-)freiwillig die Ausreisen erfolgten, ist es nützlich, die Ausreisezahlen während der Krise mit den Zahlen der vorhergehenden Jahre zu vergleichen. Dabei können die Ausreisen vor der Krise als «normale», vom Wunsch nach Rückkehr motivierte Emigration betrachtet werden.

Wie die Analyse zeigt, waren es nicht – wie zuweilen behauptet – mehrere Hunderttausend Personen, die die Schweiz während der Krise der 1970er Jahre verlassen mussten. Die Zahl derjenigen, die als unfreiwillige Rückkehrer anzusehen sind, bleibt dennoch beeindruckend: 50 000 Saisonniers, 25 000 Grenzgänger und gegen 100 000 ansässige Erwerbstätige oder Angehörige von Erwerbstätigen waren gezwungen, die Schweiz zu verlassen.

Anders als ihre europäischen Nachbarn, bei denen die Krise die Immigranten offenbar zum Familiennachzug bewegt und kein Rückgang der Migrationsbevölkerung erfolgt, schafft es die Schweiz in den 1970er Jahren, einen Teil des krisenbedingten Konjunkturschocks auf die Ausländer abzuwälzen. Dabei erreicht die Schweiz zugleich ihr Ziel, die ausländische Bevölkerung zu verkleinern. Die besorgte Prognose der unmittelbaren Nachkriegszeit – es wurde vorausgesagt, dass bei der Migrationspolitik angesichts der drohenden Rezession ein Maximum an Flexibilität erforderlich werden würde –, bewahrheitet sich also. Und auch die Therapie, die man damals mit einem gewissen Zynismus postulierte, scheint verhältnismässig wirksam zu funktionieren.

Migrationssaldo der Ausländer/innen (Einwanderung minus Auswanderung)

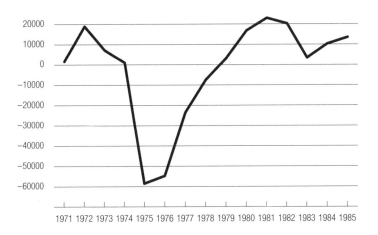

Quelle: Bundesamt für Statistik

Wird die Arbeitslosigkeit exportiert?

Während der Krise stieg die Arbeitslosigkeit in der Schweiz nur unwesentlich von 0 auf 0,7 %. Weil die Verwaltung die Bewilligung von Personen, die ihre Arbeit verloren hatten, nicht erneuerte, gab sie den von der Krise betroffenen Branchen die Möglichkeit, Personal abzubauen, ohne die Arbeitslosigkeit im Land zu erhöhen. Auf diesem Befund gründet die von zahlreichen Autoren vertretene These eines «Exports der Arbeitslosigkeit». Manche gehen so weit, in dieser Haltung gegenüber den ausländischen Arbeitskräften den eigentlichen Grund für den Wohlstand der Schweiz zu sehen. Diese Annahme ist allerdings mit einem Fragezeichen zu versehen. Aus der Sicht anderer Autoren führte der Wegzug der Ausländer dazu, dass die Nachfrage nach Gütern und Dienstleistungen sank und sich die Rezession demzufolge – im Gegensatz zur ersten These – verschärfte. Da ein detailliertes Bild der Wirtschaft jener Zeit fehlt, ist es schwierig, in dieser Kontroverse Position zu beziehen. Klar ist aber, dass die Strategie auf ökonomischer Ebene kein grosser Erfolg war. Auf politischer Ebene hingegen handelt es sich um eine wichtige Etappe. Das von der Regierung seit den sechziger Jahren verfolgte Ziel, die ausländische Bevölkerung zu stabilisieren, ist endlich erreicht – dank der Konjunkturabschwächung und ohne dass einer der Akteure der Einwanderungspolitik auf der Verliererseite stünde: Die fremdenfeindlichen Parteien sehen ihre Anliegen teilweise erfüllt, und die Wirtschaft profitiert ihrerseits von der grossen Flexibilität im Umgang mit der Krise.

Im weiteren Verlauf der Rezession wird die ausländische Bevölkerung bis Anfang der 1980er Jahre auf stabilem Niveau gehalten.

Eine ganz neue Herausforderung für die Einwanderungspolitik: Die «Mitenand-Initiative für eine neue Ausländerpolitik»

Die Wirtschaftskrise hatte zur Folge, dass ein Teil der Anliegen fremdenfeinlicher Bewegungen in Erfüllung ging. So sind nun Letztere nicht länger in der Lage, die politische Agenda mit dem Thema «ausländische Übervölkerung» zu besetzen. Zwar fahren diese Bewegungen fort,

Initiativen zu lancieren, um die Plafonierung der Einwanderung oder die Erschwerung der Einbürgerungen zu fordern (vgl. Anhänge S. 171), aber diese Initiativen haben bei Volksabstimmungen keine Chance mehr und können auch die Behörden nicht mehr dazu zwingen, Gegenvorschläge auszuarbeiten. Zu Beginn der 1980er Jahre scheint die Zeit reif, um die Einwanderungspolitik von einer ganz anderen Seite her in Frage zu stellen: Aus der politischen Linken und aus Gewerkschaftskreisen entstehen Solidaritätsbewegungen für die Immigranten.

Im Jahr 1977 wird die «Mitenand-Initiative» eingereicht. Sie unterstützt die Fortsetzung der Politik, die sich eine Stabilisierung der ausländischen Bevölkerung zum Ziel gesetzt hat, fordert aber zugleich, dass Ausländer, die über eine Bewilligung verfügen, gleich behandelt werden wie die Schweizer Bürger; ausgenommen werden die politischen Rechte. Ausserdem soll ein Recht auf Erneuerung der Aufenthaltsbewilligung eingeführt werden, womit man verhindern will, dass es wieder zu unfreiwilligen Rückwanderungen wie zwischen 1974 und 1976 kommt. Das Initiativkomitee hat vor allem das Saisonnierstatut im Visier und verlangt dessen Abschaffung. Dieses Statut zwingt die Betroffenen, nach neunmonatigem Erwebsaufenthalt die Schweiz zu verlassen und in ihre Herkunftsländer zurückzukehren, ausserdem wird den Saisonniers in den ersten drei Jahren der Familiennachzug verwehrt, was die Initianten als unmenschlich erachten.

Die Debatte um das Saisonnierstatut, das als inhuman angeprangert wird

Die Initiative führt zu schweren Konflikten zwischen den Akteuren der Einwanderungspolitik. Wirtschaftsbereiche, die sich stark auf die Arbeit von Saisonniers stützen – vor allem das Gastgewerbe, die Baubranche und die Landwirtschaft – sehen in der Initiative eine grosse Gefahr und setzen alles daran, sie zu bekämpfen. Die Regierung vertritt eine ähnliche Position: Sie ist davon überzeugt, dass die Abschaffung des Saisonnierstatuts zahlreiche Wirtschaftszweige bedrohe und der sofortige Familiennachzug nicht mit der Stabilisierungspolitik zu vereinbaren sei. Ausserdem unterläuft das Recht auf die automatische

Erneuerung der Jahresbewilligungen den Schutz der einheimischen Arbeitskräfte gegen die ausländische Konkurrenz. Auf Seiten der Befürworter hingegen ist das Engagement gross, auch unter den Ausländern selbst. Ihnen bietet die Initative die Chance, in der Schweiz eine kulturelle und soziale Identität aufzubauen, die ihnen bislang durch die Stereotype der temporären «Gastarbeiter» verwehrt blieb. Die schweizerische Linke und die Gewerkschaften hingegen sind gespalten und bekunden Mühe, sich gemeinsam für die Initiative einzusetzen.

Die Abstimmung über die «Mitenand-Initiative» findet am 5. April 1981 statt, und sie setzt den Solidaritätsträumen ein abruptes Ende: Mit einer schwachen Stimmbeteiligung von 39,9 % wird die Initiative massiv verworfen. Alle Kantone und 84 % der Stimmberechtigten sagen Nein. Zwei Jahre später unterbreitet der Bundesrat dem Volk einen Vorschlag für die erleichterte Einbürgerung junger Ausländer, die in der Schweiz geboren wurden oder hier die Schulen besucht haben, und auch diese Vorlage wird abgelehnt. Zwar ist das Schweizer Volk nicht mehr so leicht wie in der Vergangenheit bereit, den quantiativen Plafonierungsplänen fremdenfeindlicher Parteien zu folgen. Auf die Vorstellung einer grosszügigeren Aufnahme von Immigranten aber reagiert das Volk weiterhin mit tiefem Misstrauen.

Das Scheitern der Solidaritätsbewegung und der Rückgang der Fremdenfeindlichkeit führen zu Kräfteverhältnissen, die den Bedürfnissen der Wirtschaft klar entgegenkommen. In einer ersten Phase dämpft die Konjunkturverlangsamung von 1983/1984 den Bedarf an ausländischen Arbeitskräften, aber als die Konjunktur Mitte der 1980er Jahre erneut anzieht, ist es einfach, den Immigranten wieder die Türen zu öffnen. Die Arbeitskräfte sind zahlreich und wenig qualifiziert, sie sind billig und – dank unsicherem Aufenthaltsstatus – flexibel.

5

Die zweite Einwanderungswelle 1985–1992

Seit den 1980er Jahren zeigt die Schweizer Wirtschaft wieder mehr Appetit auf Immigranten. Die Ereignisse zu Beginn der 1970er Jahre erweisen sich rückblickend als Zwischenspiel, und es wird deutlich, dass es in zahlreichen Wirtschaftsbereichen einen strukturellen Bedarf an ausländischen Arbeitkräften gibt. Obwohl das System der «globalen Kontingentierung», das 15 Jahre zuvor eingeführt worden war, weiterhin in Kraft bleibt, haben die Behörden ein offenes Ohr für die Anliegen der Arbeitgeber: Zwischen 1985 und 1995 werden pro Jahr durchschnittlich fast 50 000 neue Arbeitsbewilligungen erteilt, und jährlich kommen über 130 000 Saisonniers in die Schweiz.

Die neuen Herkunftsländer: Jugoslawien, Portugal ...

Da Italien und Spanien als traditionelle Rekrutierungsquellen allmählich versiegen, stammt nun ein grosser Teil der Einwanderer aus Jugoslawien und Portugal. Dass es sich hier um eine ausserordentlich kurze und intensive Migrationsphase handelt, wird klar, wenn man sich Folgendes vor Augen führt: Fast die Hälfte der aus Portugal und Jugoslawien stammenden Immigration der letzten dreissig Jahre spielte sich im Zeitraum von nur sechs Jahren ab, zwischen 1989 und 1994. Wieder sind die neuen Einwanderer grösstenteils wenig qualifiziert, und sie ersetzen Schweizer, aber auch Einwanderer der früheren Migrationswellen in den traditionellen Branchen, die ausländische Arbeitskräfte beschäftigten. Besonders deutlich zeigt sich das Phänomen der Substitution von Arbeitskräften zwischen 1980 und 1990 in der Baubranche (Rückgang bei den beschäftigten Schweizern um 10 485, Zunahme der Ausländer um 11 551) sowie in der Hotellerie und im Gastgewerbe (Rückgang der Schweizer um 13 258, Zunahme der Ausländer um 23 639).

Verteilung der Ausländer nach wirtschaftlicher Tätigkeit 1980–1990

	1980	1990
Land- und Forstwirtschaft	6 650	10 330
Energieversorgung	1 144	1 532
Industrie	216 577	217 701
Baubranche	96 607	124 135
Handel	52 983	95 748
Gastgewerbe	41 563	65 202
Reparaturgewerbe	10 856	16 499
Verkehr	12 077	21 486
Kommunikation	1 618	4 943
Banken, Versicherungen, Immobilien und Beratung	27 384	62 159
Andere Dienstleistungen	89 924	134 010
Tätigkeit unbekannt	6 825	35 713
Total der Erwerbstätigen	564 208	789 458

Quelle: Bundesamt für Statistik – Eidgenössische Volkszählung

Die Wiederkehr des alten Migrationsregimes

Wie schon in der Vergangenheit werden die neu Angekommenen auch jetzt in dem Sinn «gerecht» auf die Regionen verteilt, als jedem Kanton proportional zu seinem Beschäftigungspotential ein Kontingent an Immigranten zugeteilt wird. Ausserdem haben manche Wirtschaftszweige im Rahmen der Verhandlungen gewisse «erworbene Rechte», die sie auf kantonaler Ebene geltend machen. So sichern sich jene Branchen den Löwenanteil, die bereits über eine lange Tradition der Beschäftigung ausländischer Arbeitskräfte verfügen.

Diese Periode kann man als Rückkehr zum alten Migrationssystem betrachten, das heisst zu jenem System, das bis zur Krise Mitte der 1970er Jahre Bestand hatte und das auf dem Willen zur Plafonierung beruhte, gemildert allerdings durch die Notwendigkeit, zwischen nationalen, regionalen und sektoriellen Interessen Kompromisse zu finden und sich mit den Branchen und Kantonen zu arrangieren.

Auch die fremdenfeindlichen Bewegungen übernehmen wieder ihre traditionelle Rolle als Gegenmacht, indem sie ein weiteres Mal versuchen, mit Hilfe der direkten Demokratie eine Plafonierung der Einwanderung zu erreichen. Diese Versuche führen zwar nicht zum Erfolg, aber sie sorgen dafür, dass der Druck auf die Behörden bestehen bleibt.

Damit erlebt die Schweiz eine zweite Phase starker Einwanderung, die vergleichbar ist mit jener der 1950er und 1960er Jahre. Insgesamt beträgt der Migrationssaldo (Einwanderung minus Auswanderung) in den Jahren 1985–1995 etwas mehr als die Hälfte des Saldos von 1948–1973. Und wieder ist die Einwanderung im Verhältnis zur Bevölkerungszahl umfangreicher als die Einwanderung, die die wichtigsten Länder Europas sowie die USA, Kanada und Australien im selben Zeitraum zu verzeichnen haben. Deutschland bildet indessen eine Ausnahme und erfährt wie die Schweiz eine starke Zuwanderung.

Konjunkturabschwächung der 1990er Jahre

Seit Beginn der 1990er Jahre ist die Schweiz von einer markanten Konjunkturabschwächung betroffen, die sich in einer Verminderung des Bruttoinlandprodukts (BIP) ausdrückt. Die Auswirkungen auf den Stellenmarkt sind weit schmerzhafter als die Folgen früherer Konjunkturabschwächungen, und die Arbeitslosenzahlen erreichen bislang unerreichte Werte. Durch diese Situation wird die arbeitsbedingte Einwanderung erheblich gebremst. Eine gewisse Anzahl ausländischer Arbeitnehmer muss das Land unfreiwillig verlassen, weil die Aufenthaltsbewilligungen bei stellenlosen Personen nicht verlängert werden. Die Zahl dieser Ausreisen – es sind einige Zehntausend – bleibt aber deutlich tiefer als die Zahl der krisenbedingten Wegzüge zu Beginn der 1970er Jahre. Und die Ausreisen werden mehr als aufgewogen durch die Zunahme der nicht erwerbstätigen Immigranten und durch die sehr hohe Zahl von umgewandelten Saisonnierbewilligungen. Infolge dieser Entwicklung wächst die ausländische Bevölkerung während der ganzen Phase weiter.

Kontext und Konsequenzen dieser Konjunkturabschwächung unterscheiden sich also erheblich von jenen früherer Krisen. Wenn zahlreiche Ausländer ihre Stelle verlieren – was die steigenden Arbeitslosenquoten der ausländischen Bevölkerung seit 1993 belegen –, so sind sie mehrheitlich doch nicht mehr gezwungen, die Schweiz zu verlassen. Einzig die Saisonniers und die Grenzgänger erfüllen weiterhin die Funktion eines Konjunkturpuffers, wie sie dem alten Modell der Arbeitskräfterotation entsprach.

Diese Entwicklung ist Ausdruck eines tief greifenden Wandels im nationalen und internationalen Umfeld der Migrationspolitik. In den 1980er Jahren hatte man noch eine Wiederkehr des alten Systems erlebt, jetzt sind sehr unterschiedliche Prozesse im Gang, die das alte System in seinen Grundfesten erschüttern. Die Folge davon sind unterschiedlichste Anpassungsversuche. Dabei geht es um Entwicklungen, die bis heute andauern und sich in einer Form äussern, die man als erneute, umfassende Infragestellung des schweizerischen Einwanderungssystems bezeichnen muss.

Die zweite Einwanderungswelle 1985–1992 53

Ausländische Wohnbevölkerung

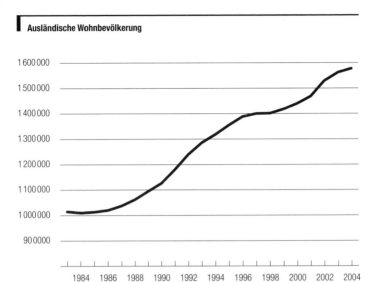

Quelle: Bundesamt für Statistik (durchschnittliche Wohnbevölkerung)

6

Erneute Infragestellung

Zwischen 1989 und 1997 gibt die Schweizer Regierung nicht weniger als fünf offizielle Berichte über die Einwanderung in Auftrag (s. Anhänge S. 174/175). Dies lässt darauf schliessen, dass man immer unsicherer wird, ob die aktuelle Migrationspolitik den Entwicklungen in Politik, Wirtschaft und Gesellschaft noch angemessen ist; das System der globalen Plafonierung ist noch immer in Kraft, der Bundesrat legt jedes Jahr die Einwanderungsquoten fest.

Drei Entwicklungsstränge haben im Laufe der Zeit eine erneute Infragestellung der Migrationspolitik erzwungen. Erstens nehmen die Verpflichtungen, die mit dem internationalen politischen Umfeld zusammenhängen, tendenziell zu. Zweitens lässt sich eine Diversifizierung der Migrationsgründe beobachten. Und drittens verläuft die Integration der ausländischen Bevölkerung in der schweizerischen Gesellschaft nicht ohne Schwierigkeiten.

Wandel des internationalen Kontextes

Im Verlauf der 1980er Jahre erleben die traditionellen Herkunftsländer von Einwanderern in die Schweiz ein beachtliches Wirtschaftswachstum, weshalb die Anzahl Migrationswilliger zurückgeht. Die Emigrationsländer sind nun aus ihrer gestärkten Position heraus auch in der Lage, bei den Aufenthaltbedingungen ihrer Bürger im Ausland Verbesserungen durchzusetzen.

Zwischen 1982 und 1983 führen neue Verhandlungen mit Italien dazu, dass die Umwandlung von Jahresaufenthaltsbewilligungen (B) in Niederlassungsbewilligungen (C) bereits nach 5 statt wie bisher nach 10 Jahren erfolgt; die Wartefrist für die Familienzusammenführung wird von 15 auf 12 Monate herabgesetzt. Dieselben Bedingungen werden 1989 auch den Spaniern und 1990 den Portugiesen gewährt. Diese Situation fördert die fortschreitende Stabilisierung der ausländischen Bevölkerung, die schon kurz nach der ersten Ölkrise begonnen hatte. Waren um 1970 noch 70 % der Bewilligungen bei den Erwerbstätigen befristet (Jahresbewilligungen) und lediglich 30 % langfristig angelegt (Niederlassungsbewilligungen), so steigt der Anteil der Niederlassungsbewilligungen bis 1990 auf 75 %. Damit schwindet allmählich der Spielraum der Regierung, die ausländische Bevölkerung durch Nichterneuern gewisser Bewilligungen in die Konjunktur einzupassen.

Auch die seit dem Beginn der 1990er Jahre steigende Arbeitslosigkeit zwingt die Ausländer nicht mehr zur Ausreise, da die Arbeitslosenversicherung inzwischen auf die gesamte Erwerbsbevölkerung ausgedehnt wurde.

Diese Entwicklungen haben zur Folge, dass das Einwanderungssystem an Flexibilität verliert. Dies zeigt auch der statistische Zusammenhang zwischen der Arbeitslosenquote in der Schweiz und den Schwankungen bei der ausländischen Bevölkerung: Während in der Periode 1971–1980 die Zunahme der Arbeitslosenzahlen «automatisch» zur Ausreise von Ausländern führte, löst sich dieser Zusammenhang im Laufe der folgenden Jahrzehnte nach und nach auf. Dass die ausländischen Arbeitskräfte die Funktion eines Konjunkturpuffers übernehmen, gehört der Vergangenheit an. Damit lässt auch das Interesse der Wirtschaft an einer starken Immigration in Phasen der Hochkonjunktur nach. Das Rotationssystem geht seinem Ende entgegen.

Wachsende Isolation der Schweiz in Europa

Eine weitere Veränderung, die mit der internationalen Politik zu tun hat, ist die wachsende Isolation der Schweiz angesichts des europäischen Integrationsprozesses. Die Europäische Gemeinschaft (EG) befindet sich seit Ende der 1980er Jahre auf dem Weg zum freien Personenverkehr innerhalb ihrer Grenzen. Und mit Hilfe eines gemeinsamen polizeilichen Überwachungssystems nimmt dieser freie Personenverkehr allmählich Form an: Es entsteht der «Schengen-Raum».

In politischen Kreisen beginnt man zu erkennen, wie viel in dieser Situation auf dem Spiel steht. In der Tat sind die Folgen für die Migrationspolitik beträchtlich. Die Befürworter einer Annäherung an Europa verlangen, dass die Schweiz ein Personenfreizügigkeitsabkommen akzeptiere, das unter anderem auch die – von Teilen der Wirtschaft weiterhin unterstützte – Saisonnierregelung abschaffen würde. Auf Seiten der Gegner besteht die Befürchtung, dass der freie Personenverkehr zu einem unkontrollierten Zustrom europäischer Einwanderer führen könnte. Diese Kontroverse wird sich während der Debatte über den Beitritt der Schweiz zum Europäischen Wirtschaftsraum (EWR) zuspitzen, der dem obligatorischen Referendum untersteht. Die wichtigsten Vertragspunkte betreffen den freien Personenverkehr und die freie Zirkulation von Gütern, Kapital und Dienstleistungen innerhalb des EWR und die Harmonisierung in den Bereichen Konsumentenschutz, Umwelt, Handelsrecht, Bildung, Forschung, Landwirtschafts- und Sozialpolitik. Im Zentrum der Debatte aber steht die Freizügigkeit. Abgesehen von der Schweizerischen Volkspartei (SVP) und den Schweizer Demokraten (SD) befürworten alle Parteien den Vertrag. Trotzdem wird der EWR-Beitritt bei der Abstimmung vom 6. Dezember 1992 mit einem Nein-Stimmen-Anteil von 50,3 % verworfen. Nein sagen auch 18 der 26 Kantone. Damit wird die europäische Integration der Schweiz nachhaltig gebremst.

Die Freizügigkeit in Bezug auf Europa ist auf unbestimmte Zeit vertagt. Für die schweizerische Migrationspolitik bleibt aber das europäische Umfeld trotz der Abstimmung eine grundlegende Bezugsgrösse.

Das internationale Recht modifiziert allmählich die Einwanderungspolitik

Eine dritte Veränderung, die mit dem internationalen Kontext verknüpft ist, bezieht sich auf den Einfluss des internationalen Rechts und der internationalen Abkommen auf den Spielraum der Immigrationspolitik. In der Vergangenheit spielte dieser Faktor nur eine Nebenrolle, jetzt nimmt er immer mehr Raum ein und zwingt die Schweiz schliesslich dazu, einige zentrale Aspekte ihrer Migrationspolitik zu ändern. Drei Beispiele mögen dies verdeutlichen:

- Die Europäische Menschenrechtskonvention, die von der Schweiz 1974 ratifiziert wurde, verbietet Diskriminierungen aufgrund der Staatsangehörigkeit und beschränkt die Möglichkeiten zur Ausweisung unerwünschter Personen.
- Die im Jahr 1994 ratifizierte Konvention der Vereinten Nationen zur Beseitigung jeder Form von Rassendiskriminierung weist in dieselbe Richtung. Sie gibt den Diskriminierungsvorwürfen, die gewissen Aspekten der schweizerischen Einwanderungspolitik anhaften, mehr Gewicht.
- Die internationalen Normen im Asylbereich verpflichten die Schweiz zur Aufnahme von Flüchtlingen. Diese neue Einwanderungsform spielt in der Schweizer Wirtschaft nur eine marginale Rolle.

Unter den übrigen von der Schweiz unterzeichneten Abkommen zur Migration sind insbesondere folgende zu nennen: die Konventionen der internationalen Arbeitsorganisation (International Labour Organization, ILO), der Internationale Pakt über bürgerliche und politische Rechte und der Internationale Pakt über wirtschaftliche, soziale und kulturelle Rechte (beide Abkommen traten 1992 unter der Schirmherrschaft der UNO in Kraft).

Der Druck durch die Herkunftsländer der Migranten, das europäische Umfeld und die internationalen Verpflichtungen führen dazu, dass die schweizerische Einwanderungspolitik die Beweglichkeit und Autonomie, die sie in der Vergangenheit besass, verliert. Auch muss die schweizerische Migrationspolitik einige ihrer spezifischen Aspekte aufgeben und die politischen Entscheidungen der Nachbarländer mit berücksichtigen.

Der Wandel der Migrationsgründe

Eine weitere Entwicklung, die zu einer Krise im schweizerischen Einwanderungssystem beitragen wird, bezieht sich auf die Migrationsgründe. Von Bedeutung ist dabei, dass die zur Plafonierung der ausländischen Bevölkerung eingeführten jährlich neu festgelegten Einwanderungsquoten nur für jene Immigranten gelten, die in der Schweiz arbeiten wollen. Personen, die andere Einwanderungsgründe geltend machen können, sind von der Kontingentierung nicht betroffen, auch wenn die meisten von ihnen später als Immigrierte das Recht haben, eine Stelle anzutreten.

Bei diesen von der Kontingentierung nicht betroffenen Immigranten sind sechs Hauptkategorien zu unterscheiden:
- Personen, die im Rahmen von Familienzusammenführungen eingereist sind (Ehepartner, Ehepartnerinnen, Kinder);
- Saisonniers, die seit 1976 nach vier aufeinander folgenden Jahren als Saisonarbeiter Anspruch auf eine Aufenthaltsbewilligung haben;
- Rentner, sofern sie über genügend Einkünfte verfügen;
- Studierende und Schüler für die Dauer ihrer Ausbildung;
- Flüchtlinge, aus humanitären Gründen Aufgenommene und Härtefälle;
- Internationale Funktionäre und Diplomaten.

Im Jahr 1992 machen nur 18 603 von 128 183 Einwanderern ökonomische Gründe geltend

Während der 1970er Jahre waren die Immigranten mehrheitlich Erwerbstätige, die im Rahmen der Kontingente einwanderten. In der Folge steigt aber der Anteil an Personen aus den eben erwähnten Kategorien kontinuierlich an, bis er schliesslich den weitaus grössten Teil der Einwanderung ausmacht.

So legt die Botschaft zur zahlenmässigen Begrenzung der Ausländer im Jahr 1992 bei der Einwanderungsquote fest, dass 17 000 neue Bewilligungen an Erwerbstätige abgegeben werden können. Tatsächlich abgegeben werden deren 18 603. Insgesamt aber zählt man in jenem Jahr nicht weniger als 128 183 Einwanderungen in die Schweiz! In dieser Zahl enthalten sind 53 292 Bewilligungen im Rahmen von Familienzusammenführungen (41%), 16 083 Umwandlungen von Saisonnierbewilligungen in Aufenthaltsbewilligungen B, 1472 Bewilligungen für Rentner, 11 638 Bewilligungen für Schüler und Studierende, 2803 Bewilligungen aus humanitären Gründen, 1408 Bewilligungen für Flüchtlinge und 22 884 Bewilligungen an Personen mit anderen Einwanderungsgründen (Ehepartner von Schweizern, Rückkehr von Ausländern in die Schweiz usw.). Im Jahr 2004 war die Struktur der Immigration recht ähnlich, wobei der Anteil der Erwerbstätigen noch etwas höher lag (vgl. Tabelle S. 61).

Struktur der Einwanderung im Jahr 2004		
Einwanderungsgrund	2004	%
Familiennachzug	38 836	40,3
Ausländer mit kontingentierter Erwerbstätigkeit	30 487	31,7
Ausländer mit Erwerbstätigkeit ohne Kontingentierung	3633	3,8
Ausländer ohne Erwerbstätigkeit	4765	4,9
Wiedereinreisen	148	0,2
Aus- und Weiterbildung	13 003	13,5
Anerkannte Flüchtlinge	1007	1,0
Härtefälle	3344	3,5
Übrige Einwanderung	1047	1,1
Total	96 270	100,0

Quelle: Bundesamt für Migration (BFM)

Von der «pull migration» zur «push migration»
Diese Entwicklung führt dazu, dass der Einfluss der Kontingentierung auf den gesamten Umfang der Einwanderung abnimmt. Eine weitere Folge der Entwicklung ist, dass sich der Umfang der Immigration vom Auf und Ab der wirtschaftlichen Bedürfnisse löst, denn die genannten Formen der Einwanderung setzen sich auch in Phasen schwacher Konjunktur fort. So verschiebt sich die Situation für die Schweiz allmählich vom «Sog» zum «Schub». An die Stelle einer durch die Rekrutierung von Arbeitskräften motivierten Einwanderung *(pull migration),* die erwünscht und relativ stark vom Staat gesteuert war, tritt nun eine Einwanderung, die von zahlreichen Faktoren beeinflusst wird, die ebensosehr von den Herkunftsländern (*push migration*: schlechte Wirtschaftslage, Flucht aus dem Elend, endemische Gewalt usw.) wie vom Aufnahmeland abhängen (bessere Lebensbedingungen, Anwesenheit von Familienmitgliedern usw.).

Die weltweite, allgemeine Zunahme der Mobilität und des internationalen Austauschs bleibt ebenfalls nicht folgenlos: Dies zeigt sich unter anderem in der starken Zunahme von Eheschliessungen zwischen Schweizern und ausländischen Staatsangehörigen, die zuvor nicht in der Schweiz lebten, und bei der steigenden Zahl von Aufenthalten zu Ausbildungszwecken.

Diversifizierung der Herkunftsgruppen und Schwierigkeiten bei der Integration

Die dritte Entwicklung, die den Kontext verändert, in dem die Einwanderungspolitik Gestalt annimmt, bezieht sich auf die zunehmende Wahrnehmung eines «Integrationsproblems» bei der ausländischen Bevölkerung. Oft beruht diese Wahrnehmung auf einer nicht eben soliden objektiven Basis, und es sind vor allem die politischen Parteien und populistische Medien, die sie in Umlauf halten. Hinzu kommt aber, dass Personen mit einem Migrationshintergrund eine Reihe durchaus realer Schwierigkeiten zu bewältigen haben; dies gibt der allgemeinen Unzufriedenheit in Bezug auf die Einwanderungspolitik zusätzlichen Auftrieb.

Im Zusammenhang mit dem Arbeitsmarkt ist dieses Phänomen besonders gut greifbar: Als die Wirtschaftslage um die Mitte der 1990er Jahre prekärer wurde, stieg die Arbeitslosenquote bei den Ausländern markant an: Im Dezember 1996 lag sie bei den Schweizern bei 3,7 %, bei den Ausländern aber bei 10,8 %. Und diese Quote variierte je nach Herkunftsland, so betrug sie bei den Angehörigen nordischer Länder rund 1,6 %, bei den Italienern 7,8 %, bei den Portugiesen 11 %, bei den Türken 17,3 % und bei Personen aus Ex-Jugoslawien 21,3 %.

Für die Interessen der Wirtschaft, die bislang klar an eine liberale Einwanderungspolitik gekoppelt waren, führt diese Lage zu neuen Verwicklungen: Während in manchen Branchen und Regionen – vor allem im Hotel- und Gastgewerbe und in der Landwirtschaft – die Nachfrage nach wenig qualifizierten ausländischen Arbeitskräften nach wie vor rege ist, sind gerade diese Arbeitskräfte auf dem Arbeitsmarkt in einer äusserst schwierigen Lage. Angesichts der wachsenden Stabilität der Bewilligungen führt dies dazu, dass die Belastung durch Arbeitslosenbeiträge sämtliche anderen Branchen und Regionen mit trifft. Letztere befürworten deshalb die auf ihren eigenen Bedarf abgestimmte, gezielte Einwanderung hoch qualifizierter Arbeitskräfte.

Die Arbeitgeberinteressen driften auseinander
Diese Widersprüche zeigen sich in aller Deutlichkeit bei den Resultaten der Vernehmlassung zum neuen Ausländergesetz im Jahr 2000 (EJPD 2001). Während die Vertreter des Hotel- und Gastgewerbes (Gastro Suisse, Schweizerischer Hoteliersverband) mit den vorgeschlagenen Zulassungsbedingungen unzufrieden sind, weil sie ihrem Bedarf nach wenig qualifizierten Arbeitskräften nicht entsprechen, stellt der Schweizerische Arbeitgeberverband im Gegensatz dazu fest, er sei «mit den allgemeinen Zulassungsvoraussetzungen für erwerbstätige Personen aus Staaten ausserhalb der EU und der EFTA grundsätzlich einverstanden» und erachte «die besonderen persönlichen [auf der Qualifikation beruhenden, Anm. d. A.] Zulassungsvoraussetzungen für Personen ausserhalb der EU- und EFTA-Staaten als eigentliche Kernbestimmung, die auf keinen Fall verwässert werden sollte, wenn der Bundesrat das Stabilisierungsziel nicht aus den Augen verlieren will» (EJPD 2001, S. 36). Ebenfalls im Gegensatz zu Gastro Suisse stellt Swissmem, der Schweizerische Verband der Maschinen-, Elektro- und Metallindustrie und wichtigste Arbeitgeber in der Schweizer Industrie, Folgendes fest: Es müsse «verhindert werden, dass über die Kurzaufenthalterbewilligung eine neue Möglichkeit für die Einwanderung von beruflich weniger Qualifizierten ausserhalb der EU- und EFTA-Staaten» entstehe (EJPD 2001, S. 36).

Verschiedene wissenschaftliche Studien in den 1990er Jahren befassen sich mit diesem Aspekt und kritisieren die Immigrationspolitik der Vergangenheit. Aus ihrer Sicht schadet der Import wenig qualifizierter Arbeitskräfte langfristig den volkswirtschaftlichen Interessen der Schweiz. Dies läuft letztlich auf eine radikale Kritik an der gesamten Politik hinaus, welche die Schweiz während der Nachkriegszeit verfolgte. So erklären 1994 zwei Experten, die bei den mit Einwanderungsfragen befassten Behörden einiges Vertrauen geniessen, in einem Artikel: «Alles in allem hat sich der ökonomische Nutzen der bisherigen, an den Arbeitsmarkt gekoppelten [Einwanderungs-, Anm. d. A.] Politik als unbedeutend erwiesen» (Straubhaar/Fischer 1994, S. 145). Die beträchtlichen Kosten der Integrationsprobleme würden, so die Autoren, die wirtschaftlichen Vorteile der Einwanderung aufwiegen. Aus dieser Optik wird auch die positive Wirkung der kantonalen Einwanderungsquoten in Zweifel gezogen; Letztere hatte man festgesetzt, um den Randregionen einen leichten Zugang zu ausländischen Arbeitskräften zu bieten, ohne dass sie sich der Konkurrenz der wohlhabenderen Zentren aussetzen müssten. Eine im Jahr 1991 veröffentlichte Studie über die Binnenmigration der Ausländer weist in der Tat nach, dass zahlreiche Ausländer, die über die kantonalen Kontingente der Randregionen in die Schweiz einwandern, dazu neigen, mit der Zeit in die zentraleren, wirtschaftlich besser gestellten Kantone zu ziehen, wo sie auf dem Arbeitsmarkt dann häufig mit Integrationsproblemen zu kämpfen haben (Dhima 1991).

Zunahme der Einwanderung aus weiter entfernten Ländern

Die zunehmende Diversifizierung und die wachsende geographische Distanz der Herkunftsländer der Migranten tragen ebenfalls zur Verstärkung des subjektiven Eindrucks bei, dass es Integrationsschwierigkeiten gibt, wobei es diesmal um Schwierigkeiten kultureller Art geht. Stammten die Einwanderer um 1950 noch grösstenteils aus vier an die Schweiz angrenzenden Ländern, so ist die Zahl der wichtigen Herkunftsländer von Migranten in den 1990er Jahren auf rund zehn angewachsen, und die weiter entfernten Länder nehmen weiterhin an Bedeutung zu (vgl. Tabelle, S. 66).

Auch in diesem Zusammenhang tendiert die wissenschaftliche Forschung dazu, die Behörden in ihrem Unbehagen bezüglich der Migrationspolitik zu bestärken. In einem Bericht zuhanden des Wissenschaftsrates spricht einer der bekanntesten Migrationsexperten der Schweiz um 1992 von den Gefahren einer zu grossen «kulturellen Distanz» zwischen den Einheimischen und den verschiedenen, durch Einwanderung entstandenen Gemeinschaften (Hoffmann-Nowotny 1992). Es gibt nur wenige Forscher, die seine Thesen kritisieren, obwohl die konzeptionelle und empirische Basis der Thesen relativ schmal ist.

Politik in der Krise. Das Gefühl, die Kontrolle zu verlieren

Die drei Entwicklungsstränge, die eben nachgezeichnet wurden – Wandel des internationalen Kontextes, Diversifizierung der Einwanderung und Integrationsschwierigkeiten – führen zu erheblichen Erschütterungen in der Migrationspolitik. Die jährlichen Quoten ermöglichen keinen befriedigenden Kompromiss mehr zwischen dem Ziel, die ausländische Bevölkerung zu stabilisieren, und dem Ziel ökonomischer Flexibilität.

Einwanderung nach den wichtigsten Herkunftsländern (im Jahresdurchschnitt)
(Bewilligungen, die für 1 Jahr oder länger ausgestellt wurden)

Jahr	TOTAL	Italien	Ex-Jugoslawien	Deutschland	Spanien	Portugal	Frankreich	Türkei	USA + Kanada	Grossbritannien	Österreich	Andere
1985–89	81178	10007	14045	7757	7006	11151	4554	3375	3006	2339	1815	16124
1990–94	118758	9270	35040	9442	5254	17059	5231	5327	3354	2521	2000	24259
1995–99	81506	5945	15559	9297	2036	6709	5417	3140	3768	2701	1392	25542
2000	87448	5436	10772	12516	1684	4911	6607	2799	4523	3665	2033	32432
2001	101353	5617	12546	14631	1730	4931	6630	3130	4624	3944	2450	41040
2002	101876	6146	11917	15358	1869	9335	6792	3155	3936	3083	2564	37643
2003	94049	5646	9632	14937	1736	12270	6647	2749	3390	2771	2012	32219
2004	96270	5715	8888	18100	1658	13593	6674	2407	3499	2864	2257	30615

Quelle: Bundesamt für Migration (BFM)

Obwohl die Politik der Einwanderungsbeschränkungen auch früher nie wirklich erlaubt hat, die Migrationsströme zu bändigen, macht sich jetzt vermehrt ein Gefühl des Kontrollverlustes breit, was die Ängste und fremdenfeindlichen Gefühle neu belebt. Auch in den politischen Diskussionen über die Einwanderung tauchen neue, bisher kaum zur Sprache gebrachte Themen auf, und dies häufig in stereotyper, entstellter Manier: die Existenz von Gefälligkeitsehen, die Ausländern den Aufenthalt in der Schweiz ermöglichen sollen («Scheinehen»), Missbrauch im Zusammenhang mit der Familienzusammenführung, übermässige Abhängigkeit der ausländischen Bevölkerung von wohlfahrtsstaatlichen Leistungen usw. Zur Diskussion steht auch wieder das Thema Kriminalität in Verbindung mit der Einwanderung. Dieses Thema, das bereits in den politischen Debatten der 1960er Jahre präsent war, wird jetzt vor allem im Zusammenhang mit dem Drogenhandel diskutiert.

Die Wiederbelebung dieser Themen eröffnet den nationalistischen Bewegungen die Möglichkeit, aus einer zur Schau gestellten Anti-Einwanderungs-Haltung erheblichen politischen Nutzen zu ziehen. Besonders die Zürcher SVP praktiziert auf allen politischen Ebenen eine permanente Guerillastrategie mit dem Ziel, sich gegen jeden ausländerfreundlichen Vorstoss zu profilieren.

In Reaktion auf diese Herausforderungen, die für die ganzen 1990er Jahre charakteristisch sind, werden mehrere Reformvorschläge für die schweizerische Einwanderungspolitik erarbeitet. Von den wichtigsten Vorschlägen wurde einer in Betracht gezogen, ein zweiter einige Jahre lang versuchsweise umgesetzt und dann wieder aufgegeben. Ein dritter Vorschlag schliesslich wurde umgesetzt und wird wohl auch die Einwanderungspolitik der nächsten Jahre prägen. Diese Ansätze werden im nächsten Kapitel genauer dargestellt.

7

Auf der Suche nach einer neuen Politik

Seit Ende der 1980er Jahre machen verschiedene Protagonisten der Migrationspolitik Vorschläge, wie den Entwicklungen, die in Kapitel 6 dargestellt wurden, insbesondere der Diversifizierung der Einwanderungsgründe, besser Rechnung getragen werden könnte. Ein erster Vorschlag verlangt die Ausdehnung der Kontingentierungspolitik auf einen grösseren Kreis von Immigranten.

Ein Vorschlag, der in breiten Kreisen Kritik erntet: Der globale Migrationssaldo
Im Januar 1989 veröffentlicht eine Arbeitsgruppe des Bundes unter dem Titel «Strategie für eine Flüchtlings- und Asylpolitik der Neunzigerjahre» einen Bericht, dessen Kernidee lautet: «Für die Haltung der Bevölkerung zu Auländerfragen ist jedoch die Gesamtheit der in der Schweiz anwesenden Ausländer massgebend» (Interdepartementale Strategiegruppe für eine Flüchtlings- und Asylpolitik der Neunzigerjahre 1989, S. 74). In dem Bericht wird eine globale Perspektive vorgeschlagen, die der «beschränkten Aufnahmekapazität» der Schweiz Rechnung tragen soll. Die neue Politik soll einen einzigen «Migrationssaldo» definieren, das heisst die maximal tolerierbare Zunahme der Einwanderungen, wobei alle Formen der Immigration zu

berücksichtigen wären, unabhängig davon, ob die Personen aus politischen oder wirtschaftlichen Gründen, im Rahmen von Familienzusammenführungen oder aus anderen Gründen einwandern.

Die Tatsache, dass diese Arbeitsgruppe erstmals von einer für Asylbelange zuständigen Person geleitet wird – vom Flüchtlingsdelegierten Peter Arbenz –, hat bei dem Vorschlag gewiss eine Rolle gespielt. Der globale Migrationssaldo bringt es mit sich, dass die asylbedingte Einwanderung zum ersten Mal mit der wirtschaftlich motivierten Einwanderung verknüpft wird. Die Verfasser des Berichtes schlagen vor, der Bundesrat solle alle zwei Jahre festlegen, wie viele Ausländer zu einem bestimmten Zeitpunkt nach seiner Vorstellung im Land leben sollten; diese Zahl würde als Basis für die Berechnung der Einwanderungsquote dienen. Wenn infolge politischer Wirren zahlreiche Flüchtlinge aufgenommen werden müssten, wäre die Zahl der wirtschaftlich motivierten Einwanderungen entsprechend zu reduzieren.

Obwohl diese Idee zum ersten Mal als allgemeines Prinzip der Migrationspolitik vorgestellt wird, ist sie nicht wirklich neu. Als man um die Mitte der 1980er Jahre das Asylverfahren ausbaute und die Anzahl der Personen, die auf einen Entscheid warten, reduzieren wollte, hatte der Bundesrat bereits einmal vorgeschlagen, den seit mehr als drei Jahren in der Schweiz lebenden Asylsuchenden eine Aufenthaltsbewilligung zu erteilen, die nicht an den Flüchtlingsstatus gebunden wäre. Aus Angst vor einem Referendum wurde das Vorhaben aber wieder begraben. Im Jahr 1988 ging der Kanton Genf einen Schritt weiter und forderte die Bundesbehörden dazu auf, türkischen Asylbewerbern den Zugang zum Saisonnierstatut zu öffnen. Da vom Bundesrat ein Nein zu erwarten war, hatte der Kanton Genf bereits auf eigene Faust begonnen, im Rahmen seines Kontingents Arbeitsbewilligungen an abgewiesene Asylbewerber zu erteilen.

Auf die Migrationspolitik insgesamt angewandt, erscheint das Konzept eines globalen Migrationssaldos als Versuch, das alte Kontingentierungssystem von 1970 durch Verallgemeinerung am Leben zu erhalten. Im Rahmen des alten Kompromisses zwischen der Plafonierung der ausländischen Bevölkerung und den Bedürfnissen der

Wirtschaft würde das neue System jedoch mehr Gewicht auf die Plafonierung legen.

Der globale Migrationssaldo ist aber nie in die Praxis umgesetzt worden, und das aus drei Gründen. Erstens kann das Modell nicht garantieren, dass die Bedürfnisse der Wirtschaft befriedigt werden. Zweitens könnte eine Politik, die Flüchtlingsquoten festsetzt, zu Konflikten mit dem internationalen humanitären Engagement der Schweiz führen. Und drittens würde die Einführung eines allzu rigiden Migrationssaldos es unmöglich machen, mit der Europäischen Gemeinschaft Vereinbarungen über den freien Personenverkehr zu treffen. In der Vernehmlassung erntet das Konzept eines globalen Migrationssaldos bei fast allen Akteuren der Migrationspolitik – die extreme Rechte ausgenommen – einhellige Kritik, wobei aber unterschiedliche Argumente vorgebracht werden. Am Scheitern dieses Vorschlags wird die neue Bedeutung des internationalen Kontextes sichtbar; auf diesen Kontext beziehen sich denn auch die meisten Kritiker. Somit gelingt es diesem Argument, das sich mit den Interessen der Wirtschaft in Übereinstimmung befindet, ein Projekt zu Fall zu bringen, mit dem eigentlich eine strengere Kontrolle der Anzahl in der Schweiz wohnhafter Ausländer erreicht und die bisherige Politik fortgeführt werden sollte.

Das «Drei-Kreise-Modell»: Drei Kategorien von Herkunftsländern

Die Behörden ziehen rasch die Konsequenzen aus diesem ersten Vorschlag. Im Jahr 1991 publizieren Vertreter der Bundesverwaltung ihren Bericht zur Neukonzeption der Ausländer- und Flüchtlingspolitik der neunziger Jahre. Darin legen sie eine neue Strategie vor, um zwei Ziele zu erreichen: Die von der Wirtschaft gewünschte Liberalisierung der Migration soll möglich werden, und zugleich will man auf die in grossen Teilen der Schweizer Bevölkerung verbreitete Angst vor der «Überfremdung» Rücksicht nehmen. Dem Bericht liegt die Annahme einer unvermeidlichen, da von weiten Teilen der politischen Welt gewünschten Annäherung der Schweiz an die Europäische

Gemeinschaft zugrunde. Der darin präsentierte Vorschlag wird vom Bundesrat im Jahr 1991 aufgenommen, und er wird zu hitzigen Debatten führen. Was vorgeschlagen wird, ist ein «Drei-Kreise-Modell».

Ein erster, «innerer Kreis», der die Länder der Europäischen Gemeinschaft und der EFTA (Europäische Freihandelsassoziation) umfasst, soll in den Genuss der Freizügigkeit im Personenverkehr mit der Schweiz kommen. Zu einem «mittleren Kreis» gehören die Länder ausserhalb der EG und der EFTA, aus denen «wir aber im Rahmen einer Begrenzungspolitik ebenfalls Arbeitskräfte rekrutieren wollen» (Bundesrat 1991, S. 12). Erwähnt werden Kanada und die USA, in Aussicht gestellt wird eine weiter gehende Öffnung nach Mittel- und Osteuropa (Jugoslawien wird im Bericht der Verwaltung ebenfalls explizit erwähnt, taucht dann im bundesrätlichen Bericht aber nicht mehr auf). Aus einem «äusseren Kreis» schliesslich soll überhaupt keine Immigration zugelassen werden, ausser in Ausnahmefällen hoch qualifizierte Fachkräfte.

Die Unterscheidung zwischen mittlerem und äusserem Kreis beruht auf einer Reihe von Kriterien, die bei den Ländern des mittleren Kreises alle erfüllt sein müssen: Achtung der Menschenrechte, Zugehörigkeit des Staates «zum gleichen, im weiteren Sinn europäisch geprägten Kulturkreis mit Lebensverhältnissen, die den unsrigen ähnlich sind»; bewährte Handelsbeziehungen mit der Schweiz sowie traditionell gute Beziehungen im Hinblick auf die Rekrutierung von Arbeitskräften.

Das Kriterium der kulturellen Nähe

Unter den genannten Kriterien sticht das zweite klar hervor, ihm kommt auch die Aufgabe zu, den Übervölkerungsängsten Rechnung zu tragen. Dieses Kriterium beruht auf der Vorstellung, dass die negativen Reaktionen der Bevölkerung nicht allein wegen der Anzahl der Immigranten entstünden, sondern auch wegen der «kulturellen Distanz» zwischen Einwanderern und Einheimischen. Somit spricht nichts gegen die Zulassung weiterer EG-Bürger, um den üblichen Bedarf an Arbeitskräften zu decken, allerdings unter der Bedingung einer strikten Kontrolle der aussereuropäischen Einwanderung und insbesondere der Einwanderung aus Ländern des Südens. Daran ist nichts grundsätzlich Neues, wurden doch bei der Rekrutierungspolitik der Nachkriegszeit immer schon gewisse Herkunftsländer bevorzugt und ethnisch-kulturelle Stereotype bedient. Es ist aber das erste Mal, dass man in der Migrationspolitik das Kriterium der kulturellen Distanz explizit als Kompromisslösung vorbringt.

Der Vorschlag wird im Frühjahr 1991 dem Parlament vorgelegt, aber die ersten Reaktionen sind skeptisch. Schliesslich findet er aber die Zustimmung weiter Kreise der Politik und wird rasch in die Tat umgesetzt. Dies lässt sich als neue Form des politischen Austarierens begreifen – zwischen der Nachfrage der traditionellen Rekrutierungsunternehmen nach Arbeitskräften auf der einen Seite – wobei man annimmt, diese Nachfrage lasse sich durch europäische Arbeitskräfte decken –, zum Zweiten der Nachfrage von Branchen, die auf hoch qualifizierte Fachkräfte angewiesen sind – ihnen wird die Tür zum aussereuropäischen Arbeitsmarkt geöffnet – und drittens dem Druck der fremdenfeindlichen Parteien, denen man eine «kulturell unsichtbare» Migration zusichert. Dies alles spielt sich in einem neuen internationalen Kontext ab, der von der Annäherung an die Europäische Gemeinschaft geprägt ist.

Die Zurücksetzung Jugoslawiens

Das Drei-Kreise-Modell zeigt sehr rasch konkrete und schmerzhafte Auswirkungen auf manche Immigrantengruppen. Im September 1991 ordnet der Bundesrat die jugoslawischen Staatsangehörigen dem dritten Kreis zu, obwohl Jugoslawien längst als traditionelles Rekrutierungsland gilt. Staatsangehörige aus Australien, Kanada, den USA, Neuseeland sowie manchen europäischen Kleinstaaten werden hingegen dem mittleren Kreis zugeordnet.

Die Begründung für die Zurücksetzung Jugoslawiens ist einigermassen erstaunlich. Gemäss Bundesrat steht es den jugoslawischen Staatsangehörigen wegen der schlechten Menschenrechtslage in ihrem Herkunftsland nicht mehr zu, aus wirtschaftlichen Gründen in die Schweiz zu migrieren. Der Bundesrat scheint zu befürchten, dass die Angehörigen der Saisonniers – die, wie oben erwähnt, kein Recht auf Familienzusammenführung haben – die Gelegenheit nutzen könnten, in die Schweiz zu reisen, um hier Asyslgesuche einzureichen. Nach dem Prinzip einer strikten Trennung zwischen Asyl und wirtschaftlicher Immigration, die durch die Ablehnung eines «globalen Saldos» bekräftigt worden war, soll das Asylverfahren jenen vorbehalten bleiben, die als Einzelpersonen die Bedingungen des Flüchtlingsstatus erfüllen.

Ende der 1980er Jahre stellten die Jugoslawen noch einen wachsenden Teil der ausländischen Arbeitskräfte, nun werden sie allmählich von der Saisonarbeit ausgeschlossen. Von dieser Entscheidung betroffen sind mehr als 50 000 Personen. Im Jahr 1994 geht man noch einen Schritt weiter: Staatsangehörige von Ländern aus dem zweiten und dritten Rekrutierungskreis verlieren die Möglichkeit – die seit 1976 für alle Saisonniers bestand –, die Saisonnierbewilligung erneuern und in eine Aufenthaltsbewilligung umwandeln zu lassen. Für zahlreiche Saisonniers aus Ex-Jugoslawien bedeutet dies trotz Übergangsbestimmungen das Ende ihrer Pläne, sich in der Schweiz niederzulassen. Viele haben die für eine Jahresbewilligung erforderliche Anzahl Saisonaufenthalte nicht erreichen können, bei manchen fehlen nur wenige Arbeitswochen.

Aus diesem Grund sinkt die Zahl der an erwerbstätige Jugoslawen erteilten Aufenthaltsbewilligungen rasch ab (Graphik auf S. 75). Unter dem Gesichtspunkt der Plafonierung der aussereuropäischen ausländischen Bevölkerung erweist sich der Ausschluss der jugoslawischen Staatsangehörigen aber als Fehlschlag. Denn parallel zu dieser Massnahme steigt die Zahl der humanitären Aufnahmen und der nicht erwerbstätigen, im Rahmen einer Familienzusammenführung eingewanderten Personen. Es liegt auf der Hand, dass die Furcht der Immigranten vor weiteren Einwanderungsbeschränkungen diese Zunahme intensiviert hat.

Für die Kosovo-Albaner trifft diese Periode mit einer Verschlechterung der Situation in ihrer Herkunftsregion zusammen, da Belgrad die Autonomie der Provinz im Jahr 1989 aufgehoben hat. In der Folge kommt es zwischen Jugoslawien und der Schweiz zu einer umfangreichen Asylmigration.

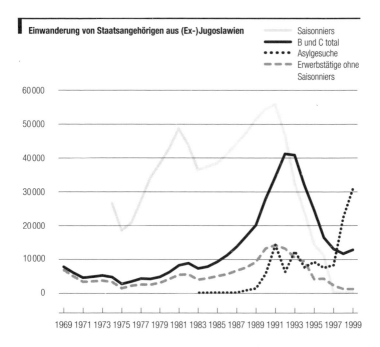

Quelle: Bundesamt für Migration (Daten für Saisonniers erst ab 1974)

Die drei Kreise aus den unterschiedlichen Optiken von Arbeitgebern, Gewerkschaften und Juristen, die sich gegen den Rassismus einsetzen
In Anbetracht der unmittelbaren Auswirkungen auf die Rekrutierungsmöglichkeiten trifft das Drei-Kreise-Modell bei seiner Umsetzung auf heftigen Widerstand aus der Hotellerie- und der Baubranche. Beide Branchen befürchten, in Europa nicht genügend Arbeitskräfte zu finden. Unterstützung erhalten sie von den Gewerkschaften, die sich mit den aus ihrer Sicht diskriminierten Arbeitnehmern des dritten Kreises solidarisieren. Damit nehmen die Gewerkschaften eine deutlich andere Haltung ein als noch in den 1960er Jahren, als sie die Plafonierung der ausländischen Arbeitskräfte grundsätzlich begrüssten.

Trotz dieses Bündnisses können die traditionellen Rekrutierungsbranchen die Regierung nicht dazu bewegen, ihre Kritik am Drei-Kreise-Modell zu berücksichtigen. Diese Tatsache ist symptomatisch für die veränderte Haltung der Regierung gegenüber den Interessen der Wirtschaft: Branchen mit einer geringen Wertschöpfung gelten nicht mehr als massgebend für die Schweizer Wirtschaft als Ganzes.

Das Drei-Kreise-Modell kommt bereits nach wenigen Jahren von zwei weiteren Seiten unter Beschuss. Die Kritik kommt zum einen aus den Industrie-, Dienstleistungs- und Informatikbranchen, die ihr hoch qualifiziertes Personal weltweit und ohne geographische Einschränkungen anwerben möchten. Ihre Kritik richtet sich gegen eine Politik, die sich nach ihrer Ansicht zu stark an den Interessen von Branchen orientiert, die einen hohen Bedarf an wenig qualifizierten Arbeitskräften haben. Das heisst mit anderen Worten, die Vertreter dieser Perspektive beurteilen den zweiten Kreis als ungenügend.

Der zweite Angriff auf das Drei-Kreise-Modell kommt im Jahr 1996 aus der Eidgenössischen Kommission gegen Rassismus (EKR), nachdem die Schweiz Ende 1994 der internationalen UNO-Konvention gegen jede Form der Rassendiskriminierung beigetreten ist.

Gestützt unter anderem auf ein Gutachten des Staatsrechtsprofessors Andreas Auer, richtet die Kommission ihre Kritik gegen das Kriterium der «kulturellen Distanz» als Unterscheidungsmerkmal der drei Kreise. Die Kommission beurteilt dieses Kriterium als diskriminierend, es stehe im Widerspruch zur UNO-Konvention und sei konzeptionell vage. Aus ihrer Sicht ist es «kaum einsichtig, warum z. B. ein Nordgrieche (EU-Land, Erster Kreis) zum ‹gleichen europäischen Kreis› gehören soll, ein Slowene oder Kroate (Dritter Kreis) jedoch nicht». Die Kommission befürchtet auch, dass die implizite Etikettierung von Angehörigen mancher Staaten als «schwer integrierbar» jene ausgrenzen könnte, die sich bereits in der Schweiz befinden. Zu dem Zeitpunkt leben immerhin 280 000 Personen aus Ex-Jugoslawien in der Schweiz.

Die Regierung weist die Argumente der Kommission zurück und versucht, am bestehenden System festzuhalten. Trotzdem sieht sie sich bald gezwungen, eine weitere Expertengruppe zu beauftragen, Vorschläge für die Überwindung der Krise in der Einwanderungspolitik zu erarbeiten.

Ein Zulassungsmodell auf der Basis von Qualifikationsniveaus

Der neue Bericht wird im August 1997 veröffentlicht. Die neue Kommission setzt sich nicht mehr allein aus Behördenvertretern zusammen, sondern bezieht auch Migrationsexperten aus den Universitäten mit ein; darin mag sich eine gewisse Irritation des Bundesrates angesichts von zwei gescheiterten Anläufen spiegeln.

In der Annahme, dass der freie Personenverkehr zwischen der Schweiz und der Europäischen Union in einigen Jahren Realität sein würde – entsprechende bilaterale Verhandlungen sind im Gang –, empfiehlt die Kommission, das Drei-Kreise-Modell aufzugeben und durch ein «Punktesystem» zu ersetzen, das als Selektionsinstrument für die Zulassung von Angehörigen aussereuropäischer Staaten dienen soll. Gemäss diesem System – das Ansätze aus Australien und Kanada aufnimmt – ist das Entscheidende nicht mehr die geographische Herkunft und schon gar nicht das fragwürdige Konzept einer kulturellen Distanz, sondern die individuelle Qualifikation der einwanderungswilligen Personen. Jeder Einzelne bekommt eine bestimmte Anzahl Punkte, je nach Bildungsstand, Berufserfahrung,

Alter, Sprachkenntnissen und beruflicher Anpassungsfähigkeit. Diese Merkmale sollen den Immigranten eine mühelose Integration ermöglichen und dafür sorgen, dass sie der Allgemeinheit auch in Zeiten wirtschaftlicher Rezession nicht zur Last fallen.

Im Jahr 1998 gibt der Bund das Drei-Kreise-Modell offiziell auf und erklärt sich mit den Vorschlägen der Kommission einverstanden. Die Regierung übernimmt das Punktesystem zwar nicht, da sie den entsprechenden administrativen Aufwand für zu hoch und zu komplex hält. Sie bekundet aber ihre Absicht, von nun an das Qualifikationsniveau als wichtigstes Zulassungskriterium für alle Immigranten aus Nicht-EU-Staaten zu verwenden. Ausserdem erklärt die Regierung ihre Absicht, ein Abkommen zum freien Personenverkehr mit der EU auszuhandeln. Diese neue Politik wird sich in einem Gesetz niederschlagen, das jenes von 1931 über Aufenthalt und Niederlassung der Ausländer ersetzen soll.

Zwischen freiem Personenverkehr und an Bedingungen geknüpfter Einwanderung

In Wirklichkeit entspricht die Situation seither einem Zwei-Kreise-Modell. Es gibt weiterhin einen Unterschied zwischen der Freizügigkeit auf der einen und der an Bedingungen geknüpfen Immigration auf der anderen Seite. Das Modell basiert aber nicht mehr auf der Vorstellung einer kulturellen Distanz, sondern implizit auf der geographischen Nähe und der Existenz vertraglicher Vereinbarungen mit der EU. Dieses Ausschlusskriterium steht nicht im Widerspruch zu den internationalen Vereinbarungen der Schweiz, wie ein Bundesgerichtsentscheid vom 9. Juli 1997 bestätigt (BGE 123 II 472).

In Wirklichkeit hat die Abkehr vom Drei-Kreise-Modell und insbesondere die Fusion des mittleren mit dem äusseren Kreis keine Auswirkungen auf die Struktur der Einwanderung. Die Migranten aus dem zweiten Kreis (USA, Kanada, Neuseeland und Australien) sind im Allgemeinen besser qualifiziert und können darum weiterhin in die Schweiz einwandern. Im Jahr 1996 werden 2686 neue Immigranten aus den USA registriert, im Jahr 1999 sind es 3157.

Infolge der Unterteilung in zwei Kreise bleibt die Einwanderungspolitik im Grunde genauso diskriminierend wie zuvor. Die Eidgenössische Kommission gegen Rassismus stellt sich indessen nicht gegen das neue Modell. Sie befindet sich offensichtlich im Zwiespalt zwischen ihren universalistischen Idealen einer Gleichbehandlung aller Menschen – Idealen, aus denen sich die erste Intervention der Kommission speiste – und einem europafreundlichen Pragmatismus, der darauf bedacht ist, die laufenden Verhandlungen mit der EU nicht zu gefährden.

Das alte Dilemma der schweizerischen Einwanderungspolitik – den Druck fremdenfeindlicher Tendenzen zu mässigen und zugleich den Bedürfnissen der Wirtschaft entgegenzukommen – wird durch eine neuartige Lösung aus dem Weg geräumt: Die Bedürfnisse der Gesamtwirtschaft werden nicht mehr in Quoten gezwängt, dafür müssen sie sich mit der Beschränkung auf europäische Arbeitskräfte arrangieren. Unternehmen, die hoch qualifizierte Arbeitskräfte benötigen, können sich aber weiterhin auf dem weltweiten Markt umsehen. Die implizite These dieses neuen Systems lautet: Die neuen Immigrationsformen werden nur ein bescheidenes Ausmass erreichen und in der schweizerischen Öffentlichkeit keine feindseligen Reaktionen hervorrufen.

Mai 2000: Das Volk stimmt den bilateralen Verhandlungen mit der Europäischen Union zu

Die Regierung wird in ihrem Vorgehen rasch bestätigt. Im Mai 2000 nimmt das Schweizer Volk das Freizügigkeitsabkommen an, das in den bilateralen Verhandlungen mit der EU ausgehandelt worden war. Als Datum der Inkraftsetzung wird der Juni 2002 bestimmt. Mit 63,8 % Nein-Stimmen klar verworfen wird am 24. September 2000 hingegen eine Initative zur Reduktion des Ausländeranteils auf 18 %. Die Tatsache, dass das Volk eine solche Vorlage verwirft, die den ganzen Annäherungsprozess an die Europäische Union hätte gefährden können, zeigt, dass die Regierung möglicherweise doch noch den Weg zum Konsens gefunden hat.

Trotzdem hat die Einwanderungsfrage wenig Aussicht, von der politischen Agenda zu verschwinden, und an Herausforderungen wird es auch künftig nicht mangeln.

Mit der Umsetzung dieses neuen Migrationssystems beschliessen wir den ersten Teil dieser Auseinandersetzung mit der Einwanderung in die Schweiz. Auf dieser Grundlage wird es nun im zweiten Teil um eine Synthese gehen. Darin geht es um die Frage, was denn nun eigentlich die politischen Entscheidungen geprägt und über Erfolg und Misserfolg der eingeschlagenen Richtungen entschieden hat.

8

Die treibenden Kräfte

Unsere Darstellung von 50 Jahren Einwanderung in die Schweiz hat einige Bausteine geliefert, die es gestatten, die Frage nach den Fundamenten der Einwanderungspolitik zu beantworten. Der chronologische Ansatz verdeutlicht insbesondere, wie sich die Gewichte der verschiedenen Faktoren, die an dieser Entwicklung beteiligt waren, im Laufe der Zeit verschoben haben.

Die Bedürfnisse der Wirtschaft: Eine notwendige, aber nicht mehr hinreichende Bedingung

Für die Ausrichtung der schweizerischen Einwanderungspolitik waren die Bedürfnisse der Wirtschaft während der ganzen Periode ein beherrschender Faktor. Auch wenn weitere Faktoren – wie die Fremdenfeindlichkeit und die Angst vor ausländischer Übervölkerung – in der politischen Debatte ihre Rolle spielten, war es letztlich doch immer die Wirtschaftslage, die den Ausschlag gab. So hat die Hochkonjunktur dafür gesorgt, dass die Schweizer Regierung ihr Ziel, die ausländische Bevölkerung zu begrenzen, im Verlauf der 1960er Jahre trotz zahlreicher Versuche nicht erreichen konnte. Erst nach der ersten Ölkrise von 1973 und der darauf folgenden massiven Verschlechterung der Wirtschaftslage gelang es, das «nicht ökonomische» Ziel einer Reduktion der ausländischen Bevölkerung zu erreichen. Die späteren Phasen wirtschaftlicher Erholung während der 1980er und 1990er Jahre führten wieder zu einem beträchtlichen Anstieg der ausländischen Bevölkerung.

Es ist aber auch festzustellen, dass die Verbindung zwischen gesamtwirtschaftlicher Konjunktur und Immigration sukzessive an Intensität verloren hat. Das schweizerische Einwanderungssystem büsste Stück für Stück seine Fähigkeit ein, flexibel auf die Wechselfälle der Wirtschaft zu reagieren. Während dieses System noch in den 1970er Jahren Zehntausende von arbeitslosen Ausländern zur Ausreise zwingen konnte, war eine solche Reversibilität später nicht mehr möglich, da man die Aufenthaltsbewilligungen mit Blick auf den internationalen Kontext stabilisieren musste. Damit verringerte sich auch das Interesse der Wirtschaft an einer ungehinderten Einwanderung, vor allem im Bereich der wenig qualifizierten Arbeit.

An zweiter Stelle ist die Tatsache zu nennen, dass die Wirtschaft zunehmend Mühe bekundete, in der Einwanderungsdebatte eine einheitliche Position zu vertreten. Die Akteure, die von höheren Produktivitätsniveaus und internationaler Wettbewerbsfähigkeit profitieren konnten, fanden immer mehr Gehör und versuchten, die Immigration in Richtung einer Selektion höherer Qualifikationsniveaus zu beeinflussen. Im Gegensatz dazu verlor der Bedarf an wenig qualifiziertem Personal der Tourismus- und der Baubranche und der Landwirtschaft immer mehr an politischem Gewicht. Diese Entwicklung ist deutlich erkennbar, und sie wirkt sich auch auf die Definition des nationalen Wirtschaftsinteresses aus. Stand zunächst die Befriedigung des gesamten Arbeitskräftebedarfs im Rahmen regionaler und sektorieller Politik im Zentrum, so ging man später zu einer Orientierung über, die den Eliten und der Wettbewerbsfähigkeit schweizerischer Unternehmen im internationalen Kontext den Vorzug gab.

Die Fremdenfeindlichkeit: Allgegenwärtig, aber unter Kontrolle

Die Angst vor ausländischer Übervölkerung ist eine Konstante der schweizerischen Einwanderungspolitik. Ihre Bedrohlichkeit wird durch die direkte Demokratie noch gesteigert, da fremdenfeindliche Parteien jederzeit versuchen können, die Arbeit der Regierung nachhaltig zu blockieren, indem sie eine Begrenzung des Ausländeranteils auf Verfassungsebene fordern. Versuche dieser Art wurden zwischen 1968 und 2000 sechsmal unternommen. Zu erwähnen sind auch die zahlreichen Referenden, die auf nationaler oder kantonaler Ebene versuchten, Statusverbesserungen für die Migranten zu blockieren.

Es ist also offensichtlich, dass Populismus und Fremdenfeindlichkeit auf die politischen Debatten in der Schweiz erheblichen Einfluss hatten. Klar ist auch, dass die Immigrantenzahlen höher gewesen wären, wenn die Regierung eine von der Wirtschaft diktierte Politik des Laissez-faire verfolgt hätte und nicht gezwungen gewesen wäre, aus Angst vor der Reaktion der Bevölkerung präventive Schranken zu errichten. Dabei ist es aber der Schweizer Regierung zusammen mit Wirtschaftskreisen und Regierungsparteien immer gelungen zu verhindern, dass die fremdenfeindlichen Bewegungen ihre Ziele tatsächlich erreichten. Sie taten dies unter Berufung auf die höheren Interessen des Landes und der Wirtschaft und durch ihr Engagement für die Plafonierung der künftigen Immigration. In fünfzig Jahren hat keine einzige fremdenfeindliche Initiative beim Volk Zustimmung gefunden, und der Anteil der in der Schweiz ansässigen Ausländer hat praktisch nie aufgehört zu wachsen.

Daraus ergibt sich die folgende Schlussfolgerung: Obwohl die Besonderheiten des schweizerischen politischen Systems dazu führen, dass die Einwanderungspolitik in der Öffentlichkeit eine sehr starke Resonanz hat, ist es nicht sicher, dass die direkte Demokratie sich als Vehikel der Fremdenfeindlichkeit tatsächlich entscheidend auf den Umfang der Einwanderung ausgewirkt hat. Die Tatsache, dass die Politik in anderen europäischen Ländern oft genauso restriktiv war, unterstützt diese These und zeigt, dass die Schweiz in Sachen Zulassungspolitik vielleicht doch kein Sonderfall ist. Dasselbe galt, trotz gegenteiliger Ziele, auch für die Mobilisierung der Zivilgesellschaft zugunsten der Immigranten. Auch diese Bewegung war nie in der Lage, auf dem politischen Parkett in Migrationsfragen eine Rolle zu spielen. Die Bedürfnisse der Wirtschaft bleiben diesbezüglich ein wesentlich wichtigerer Faktor, ebenso wie – in zunehmendem Mass – der internationale Kontext.

Zunehmende internationale Verpflichtungen

Der internationale Kontext hatte schon seit langem einen gewissen Einfluss auf die schweizerische Einwanderungspolitik. So gelang es Italien 1964, beim Status seiner Emigranten substantielle Verbesserungen durchzusetzen, weil die Schweiz mit einigen europäischen Ländern um die Rekrutierung von Arbeitskräften in Konkurrenz stand. Zu erwähnen ist auch die europäische Integration, bei der Italien eine wichtige Rolle spielte. Und auf multilateraler Ebene war die Schweiz an einer ganzen Reihe internationaler Vereinbarungen und Abkommen beteiligt, die mehr oder weniger direkt die Einwanderung betrafen. So empfiehlt die Organisation für europäische wirtschaftliche Zusammenarbeit (die spätere OECD), der auch die Schweiz angehört, bereits im Jahr 1953, den Immigranten nach fünfjährigem Aufenthalt ein definitives Aufenthaltsrecht und die Familienzusammenführung zu gewähren (Cerutti 1994).

Unser Überblick über fünfzig Jahre Einwanderung in die Schweiz zeigt indessen auch, dass der externe Einfluss auf die schweizerische Migrationspolitik bis in die jüngere Vergangenheit hinein marginal bleibt im Vergleich zu den Belangen der Wirtschaft und der Innenpolitik.

Neuerdings nun bekommt der internationale Kontext aus mindestens drei Gründen eine sehr viel konkretere Bedeutung. Es sind dies: der Wunsch der Schweiz, ein attraktives Migrationsziel zu bleiben; das Bestreben, internationalem Recht zu entsprechen; und schliesslich der Wunsch, im europäischen Integrationsprozess nicht isoliert dazustehen. In den Entscheidungen der Migrationspolitik ha-

ben diese Überlegungen unter anderem in drei Fällen eine deutliche Rolle gespielt:
- Als zu Beginn der 1990er Jahre die traditionellen Migrationsquellen zu versiegen drohten, zeigte sich die Schweiz im Bereich der Aufenthaltsbewilligungen zu Zugeständnissen bereit, obwohl das schweizerische Migrationssystem dadurch seine Flexibilität als Konjunkturpuffer verlor. Die Gründe dafür sind im Druck der Herkunftsländer zu suchen sowie in der Notwendigkeit der Schweiz, eine attraktive Destination für Migranten zu bleiben.
- Die Ratifizierung internationaler Konventionen hat den Spielraum der Schweiz bei der Kontrolle und Verwaltung der Migration sukzessive eingeschränkt.
- Das Bestreben der Schweiz, im europäischen Integrationsprozess nicht isoliert dazustehen, hat zu einem Freizügigkeitsabkommen mit der EU geführt: eine veritable Revolution im Vergleich zur bis dahin betriebenen Politik.

Es kann kein Zweifel daran bestehen, dass der internationale Kontext in der künftigen Migrationspolitik der Schweiz eine wachsende Rolle spielen wird. Wir werden in den Schlussfolgerungen am Ende dieses Buches nochmals darauf zurückkommen.

Die neue Allianz

Die herrschenden Wirtschaftskreise und die Bevölkerung, die sich gegen massive Einwanderung sträubt, stehen den qualifizierten Immigranten positiv gegenüber

Die Konstellation der Faktoren, die für die schweizerische Migrationspolitik Anfang des 21. Jahrhunderts kennzeichnend sind, unterscheidet sich wesentlich von der in den 1960er Jahren vorherrschenden. Wenn früher zwischen Wirtschaftsinteressen auf der einen und Ängsten vor ausländischer Übervölkerung auf der anderen Seite klare Gegensätze bestanden, ist die aktuelle Situation von der Fragmentierung der Wirtschaftsinteressen und einer neuen Allianz geprägt. Bei der Umsetzung einer neuen Politik sind sich die dominierenden Wirtschaftskreise in der Tat eins mit der Bevölkerung, die einer massiven Einwanderung ablehnend gegenübersteht. Durch den freien Personenverkehr innerhalb Europas und die Beschränkung der aussereuropäischen Rekrutierung auf hoch qualifizierte Personen werden die wettbewerbsfähigsten Wirtschaftsbranchen zufrieden gestellt, und zugleich verhindert man die unkontrollierte Zuwanderung aus aussereuropäischen Ländern. Nicht auf ihre Kosten kommen einige Wirtschaftszweige (besonders das Hotel- und Gastgewerbe und die Landwirtschaft), manche Anhänger einer weltweiten Personenfreizügigkeit sowie die fremdenfeindlichen Kreise. Diese haben aber nicht die nötige Macht, um eine solche Politik zu verhindern, auch nicht mit den Mitteln der direkten Demokratie.

Die Gegenkräfte sind jetzt ausserhalb des Landes zu suchen. Der Wandel des internationalen Kontextes – insbesondere der europäische Integrationsprozess und das humanitäre Recht – zwingen die Schweiz zunehmend zu Massnahmen, die weder bei der Wirtschaft noch bei der breiten Mehrheit der Bevölkerung Anklang finden. Die fremdenfeindlichen Bewegungen haben dies vorausgesehen: Neben der eigentlichen Migrationspolitik gehört nun auch die Beteiligung der Schweiz am internationalen System zu ihren bevorzugten Zielscheiben. Der am 3. März 2002 vom Volk beschlossene UNO-Beitritt der Schweiz zeigt aber, dass die populistischen Argumente ihren Einfluss mehr im politischen Diskurs entfalten als bei den tatsächlichen Entscheidungen. In dieser Hinsicht hat die Schweiz trotz direkter Demokratie nichts mehr von einem «Sonderfall» an sich.

Dass die Situation nicht so aussergewöhnlich ist, wird in den folgenden Kapiteln anhand eines Bereichs dargelegt, der in dieser Studie bisher nur am Rande zur Sprache kam, obwohl er ein integraler Bestandteil der Einwanderung in die Schweiz ist: das Asylwesen.

9

Neuere Geschichte des Asyls in der Schweiz

Die Schweiz als Aufnahmeland

Der Ruf der Schweiz als Aufnahmeland für Flüchtlinge nährt sich aus ein paar mächtigen historischen Bildern.

So hat sich die Aufnahme der Hugenotten nach der Aufhebung des Edikts von Nantes durch Ludwig XIV. im Jahr 1685 zusammen mit dem Rütlischwur ins kollektive Gedächtnis eingeprägt. Diese Massenflucht, die zahlenmässig nie genau bestimmt wurde, dürfte Zehntausende von Personen umfasst haben. Die oft genannte Zahl von 140 000 aufgenommenen und mehreren Zehntausend definitiv niedergelassenen Flüchtlingen ist aus der Sicht mancher Historiker aber übertrieben.

Die vorübergehende Aufnahme von Soldaten des Generals Bourbaki, die im tiefsten Winter des Jahres 1871 in der Region des Val-de-Travers die Grenze passierten, hat sich ebenalls in die Erinnerung eingeprägt, unter anderem durch das eindrückliche Panorama des Malers Edouard Castres, das heute in Luzern zu sehen ist. Die Vorstellung einer spezifisch schweizerischen Tradition der Aufnahme von Flüchtlingen bildet seit dem 19. Jahrhundert einen wichtigen Bestandteil der Konstruktion einer nationalen Identität rund um die «humanitäre Tradition». Die Überzeugung einer spezifischen Mission – von manchen als Kompensation für das Privileg der Neutralität angesehen – hat die schwierige Zeit des Zweiten Weltkriegs überlebt und drückt auch noch heute den Asyldebatten ihren Stempel auf.

Heute ist das Asyl einer der kontroversesten Aspekte der Einwanderungspolitik und der politischen Debatten der Schweiz überhaupt. In den folgenden Kapiteln werden die unterschiedlichen Aspekte dieser Frage kurz dargelegt. Danach werden zunächst die wichtigsten Ereignisse dargestellt, die das schweizerische Asylwesen seit 1950 betreffen, sowie die Entwicklung des Asylrechts (Kapitel 9); als Nächstes kommen die aktuelle Entwicklung des Phänomens und die darauf bezogenen Massnahmen zur Sprache (Kapitel 10). Es folgt schliesslich der Versuch, eine Bilanz der Veränderungen des allgemeinen Asylkontextes auf internationaler Ebene zu ziehen (Kapitel 11).

Die UNO-Flüchtlingskonvention von 1951

Die Zeit zwischen dem Kriegsende und dem Ende der 1970er Jahre kann man als Periode der «Flüchtlinge des Kalten Krieges» bezeichnen. Zuvor waren die Flüchtlinge aus staatlicher Sicht im besten Fall hilfsbedürftige Opfer, im schlimmsten Fall wurden sie ignoriert. Mit dem Graben zwischen Ost und West bekommen sie eine politische Bedeutung. Dies ist der Kontext, in dem das Hochkommissariat für Flüchtlinge der Vereinten Nationen (UNHCR) gegründet und in Genf die UNO-Konvention von 1951 über die Rechtsstellung der Flüchtlinge unterzeichnet wird. Die Schweiz ratifiziert die Konvention drei Jahre später.

Die grundsätzliche Neuerung, die von der Konvention eingebracht wird, liegt in der individuellen Flüchtlingsdefinition. Während in der Zwischenkriegszeit, zur Zeit des Völkerbundes, der Begriff kollektiv definiert wurde, «Flüchtling» also die Zugehörigkeit einer Person zu einer als «schutzbedürftig» definierten Gruppe bedeutete, bezieht er sich ab 1951 aufs Individuum. Das entscheidende Kriterium, ob eine Person zum Flüchtling wird, ist nun die «begründete

Furcht vor Verfolgung». Jede Person, die dieses Kriterium erfüllt, kann in einem Aufnahmeland den Flüchtlingsstatus für sich beanspruchen.

Definition des Flüchtlingsbegriffs gemäss UNO-Konvention vom 28. Juli 1951

Art. 1, Definition des Begriffs «Flüchtling» (§ A.2.)
Der Ausdruck «Flüchtling» im Sinne dieses Abkommens findet auf jede Person Anwendung, «die (...) aus der begründeten Furcht vor Verfolgung wegen ihrer Rasse, Religion, Nationalität, Zugehörigkeit zu einer bestimmten sozialen Gruppe oder wegen ihrer politischen Überzeugung sich ausserhalb des Landes befindet, dessen Staatsangehörigkeit sie besitzt, und den Schutz dieses Landes nicht in Anspruch nehmen kann oder wegen dieser Befürchtungen nicht in Anspruch nehmen will; oder die sich als staatenlose infolge solcher Ereignisse ausserhalb des Landes befindet, in welchem sie ihren gewöhnlichen Aufenthalt hatte, und nicht dorthin zurückkehren kann oder wegen der erwähnten Befürchtungen nicht dorthin zurückkehren will».

Art. 33: Verbot der Ausweisung und Zurückweisung (§1)
«Keiner der vertragsschliessenden Staaten wird einen Flüchtling auf irgendeine Weise über die Grenzen von Gebieten ausweisen oder zurückweisen, in denen sein Leben oder seine Freiheit wegen seiner Rasse, Religion, Staatsangehörigkeit, seiner Zugehörigkeit zu einer bestimmten sozialen Gruppe oder wegen seiner politischen Überzeugung bedroht sein würde.»

Diese Definition des Flüchtlingsbegriffs findet sich im aktuellen Schweizer Asylgesetz wieder:

Definition des Flüchtlingsbegriffs gemäss Art. 3 des schweizerischen Asylgesetzes von 1998

Flüchtlinge sind Personen, die in ihrem Heimatstaat oder im Land, in dem sie zuletzt wohnten, wegen ihrer Rasse, Religion, Nationalität, Zugehörigkeit zu einer bestimmten sozialen Gruppe oder wegen ihrer politischen Anschauungen ernsthaften Nachteilen ausgesetzt sind oder begründete Furcht haben, solchen Nachteilen ausgesetzt zu werden.
Als ernsthafte Nachteile gelten namentlich die Gefährdung des Leibes, des Lebens oder der Freiheit sowie Massnahmen, die einen unerträglichen psychischen Druck bewirken. (...)

Aus der gleichen Logik heraus wird Verfolgung auch in der UNO-Konvention als eindeutig gegen die Person selbst gerichtet verstanden. Die Tatsache, dass jemand die indirekten Folgen von Konflikten oder Gewalttaten erleidet, gibt der Person prinzipiell kein Recht auf die Zuerkennung des Flüchtlingsstatus.

Die unterzeichnenden Staaten bleiben in ihren Entscheidungen im Hinblick auf die Gewährung von Asyl souverän, und das Hochkommissariat für Flüchtlinge kann den Staaten keine Asylentscheidungen aufzwingen. Zunächst auf Europa begrenzt, wird die Konvention durch das Protokoll von 1967 auf die ganze Welt ausgedehnt.

Die ungarischen Flüchtlinge

Das neue internationale Asylsystem ist am 4. November 1956 erstmals gefordert, als die Rote Armee in Ungarn die Kontrolle übernimmt. Es ist der schwerste Konflikt in Europa seit dem Zweiten Weltkrieg. Während des ganzen Novembers fliehen Zehntausende von Ungarn auf den Strassen in Richtung österreichische Grenze. Letztere wird erst im Januar 1957 durch die neue Regierung von János Kádár hermetisch abgeriegelt. Die Schweiz beobachtet die Ereignisse mit grosser Anteilnahme und erlebt eine Welle von Solidarität mit den Aufständischen. Und sie ist eines von drei Ländern, die aus Protest gegen diese Ereignisse die Olympischen Spiele von Melbourne boykottieren; eine Reaktion dieser Art hatte es bislang nicht gegeben.

Angesichts der Flüchtlingsströme richtet die österreichische Regierung am 5. November 1956 einen Aufruf an das Hochkommissariat für Flüchtlinge und an die internationale Gemeinschaft. Am 6. November erklärt sich der schweizerische Bundesrat bereit, 2000 Flüchtlinge aufzunehmen; Ende Monat wird das Kontingent auf 10 000 aufgestockt. Eine Auswahl der Personen, die in die Schweiz einreisen dürfen, findet nicht statt. Die Flüchtlinge werden in den behelfsmässigen Lagern an der österreichisch-ungarischen Grenze registriert und mit der Eisenbahn unter dem Schutz des Roten Kreuzes in die Schweiz gebracht. Damit steht die Schweiz nicht allein da. Eine veritable internationale Mobilisierung kommt in Gang, und es werden rund 200 000 Flüchtlinge aufgenommen. Zu den Aufnahmeländern gehören neben den westlichen Ländern auch Chile, die Dominikanische Republik, Paraguay, Südafrika und Jugoslawien. Insgesamt sind 35 Staaten als Aufnahmeländer betroffen, wovon 7 eine besonders wichtige Rolle spielen.

Wichtigste Aufnahmeländer der ungarischen Flüchtlinge nach den Ereignissen von 1956

Aufnahmeländer	Aufgenommene Flüchtlinge
USA	38 000
Kanada	35 000
Grossbritannien	16 000
Bundesrepublik Deutschland	15 000
Schweiz	13 700
Australien	13 000
Frankreich	10 000

Quelle: UNHCR und Bundesamt für Migration

Die Ungarn werden in der Schweiz im Allgemeinen mit offenen Armen empfangen. In einer Zeit, die von Antikommunismus und der Angst vor der UdSSR geprägt ist, erscheinen sie als unglückliche Helden. Sie werden zuerst in Ferienkolonien, Jugendherbergen, Hotels oder Kasernen untergebracht. Man beginnt aber sehr bald, den Flüchtlingen Wohnungen anzubieten. Der Bundesrat will «möglichst vielen Familien die Möglichkeit zu geben, die Festtage im eigenen Heim zu verbringen» (EJPD, 1957, S. 413).

Allen wird sofort eine permanente Aufenthaltsbewilligung angeboten. Die Bundesbehörden erklären, dass die Flüchtlinge «so lange in der Schweiz bleiben [können], als sie wünschen, immer unter der Voraussetzung, dass sie sich korrekt verhalten», und dass keinerlei Druck ausgeübt werden solle, um sie zur Rückreise zu bewegen. In den schweizerischen Universitäten werden 500 ungarische Studierende aufgenommen.

Die ungarische Krise verdeutlicht die Wirksamkeit des multilateralen Systems der Flüchtlingshilfe, das auf internationaler Ebene im Jahr 1951 eingerichtet wurde, und sie verankert die Rolle des UNO-Hochkommissariats für Flüchtlinge. Allerdings macht die Krise auch ein gewisses Paradox deutlich: Die ungarischen Flüchtlinge erfüllen, streng genommen, die Bedingungen der Konvention von 1951 nicht!

Erstens fliehen sie vor Ereignissen, die sich nach dem ersten Januar 1951 – dem in der Konvention definierten Stichtag – abgespielt haben. Zweitens handelt es sich um die kollektive Flucht vor einer Invasion. Der Asylgrund steht nicht in einem eindeutigen Zusammenhang mit den in Artikel 1 der Konvention genannten Arten der Verfolgung (Rasse, Religion, Staatszugehörigkeit, Zugehörigkeit zu einer bestimmten sozialen Gruppe, politische Überzeugung). Die Flüchtlinge entsprechen in der Tat weit eher einem «kategorischen» Flüchtlingsbegriff, wie er in der ersten Jahrhunderthälfte zur Zeit des Völkerbundes vorherrschte.

Die grosszügige Aufnahme hat ihren Grund also weniger in den 1951 eingegangenen Pflichten als vielmehr im Kontext des Kalten Krieges und in der Solidaritätswelle gegenüber einem ganzen Volk. Die wirtschaftliche Konjunktur ist sicher auch nicht ganz ohne Bedeutung, gibt es doch in den westlichen Ländern einen erheblichen Bedarf an Arbeitskräften. In der Schweiz liegt das reale BIP-Wachstum im Jahr 1956 bei 6,4 % und 1957 bei 4 %. Die Ungarn sind nun aber oft gut ausgebildet und haben keinerlei Mühe, sich auf dem Arbeitsmarkt zu integrieren. Ende 1957 sind 72 % von ihnen erwerbstätig, insbesondere in der Industrie. Endlich ist auch nicht auszuschliessen, dass die schweizerische Grosszügigkeit Ausdruck eines diffusen Willens ist, gewisse während des Kriegs erfolgte Verletzungen der Aufnahmepflicht gegenüber jüdischen Flüchtlingen zu kompensieren. Tatsächlich ist der *Bericht Ludwig* über die Flüchtlingspolitik kurz vor den ungarischen Ereignissen erschienen, und in Ergänzung dazu legt der Bundesrat nun einen Bericht vor, der die künftige Asylpolitik auf eine grosszügigere Basis stellen soll.

Aus Sicht des Bundesrates zeigen die Erfahrungen des letzten Weltkrieges deutlich, was die Mehrheit des Schweizer Volkes von den

Behörden erwartet: Es sollen auch in Zukunft so viele Flüchtlinge wie möglich mindestens vorübergehend aufgenommen werden, und die Behörden sollen für die Aufnahme dieser Personen grundsätzlich keine Maximalzahlen festlegen (Schweizerischer Bundesrat, 1957, S. 405).

Die Tibeter und die Tschechoslowaken

Im Grossen und Ganzen werden die offenen Aufnahmebedingungen, die für die Ungarn galten, auch für die beiden grossen Gruppen, die auf sie folgen, angewandt: die tibetischen und die tschechoslowakischen Flüchtlinge.

Rund 1000 Tibeter, die vor der chinesischen Herrschaft geflohen waren, werden um 1963 unter dem Schutz des Hochkommissariats für Flüchtlinge in der Schweiz aufgenommen. Ungefähr nochmals so viele Landsleute kommen in den folgenden Jahren nach.

Fünf Jahre später löst die Episode des Prager Frühlings (Januar bis August 1968) in der Schweiz eine Solidaritätswelle aus, die jener von 1956 gleicht. Die Aufnahme in der Schweiz geschieht aber spontaner und weniger durchorganisiert. Auch ist das Hochkommissariat für Flüchtlinge diesmal nicht involviert, die Flüchtlinge kommen auf eigene Faust bis zur Landesgrenze. Die entsprechenden Weisungen des Bundesrates sind unmissverständlich: Die Grenzen stehen offen, alle Tschechoslowaken können in die Schweiz einreisen. Bis November 1968 sind 8000 Flüchtlinge in der Schweiz eingetroffen, insgesamt werden es ca. 14 000 sein. Wie im Fall der Ungarn und der Tibeter handelt es sich auch hier um Personen, die vor einem kommunistischen Regime geflohen sind. Ausserdem bietet die schweizerische Wirtschaftslage günstige Bedingungen für die rasche Integration der Flüchtlinge. Diese beiden Faktoren begünstigen also ein weiteres Mal eine Politik der Öffnung.

Die «Boat People» und andere «Kontingentflüchtlinge» aus Afrika und Asien

Obwohl das Hochkommissariat für Flüchtlinge im Fall der Tschechoslowaken in der Schweiz keine zentrale Rolle spielte, wird in den 1970er Jahren unter der Schirmherrschaft der Vereinten Nationen eine multilaterale Regelung für das Flüchtlingsproblem verankert. Das Prinzip, das dabei zur Anwendung kommt, umfasst die definitive Unterbringung und die Zuteilung von Kontingenten an die Aufnahmeländer. Aus diesem Zusammenhang stammt ein Begriff, der sich später durchsetzt und den man bereits bei den Ungarn und den Tibetern hätte verwenden können: Kontingentflüchtlinge.

Im Jahr 1972 werden 200 Ugander indischer Abstammung in der Schweiz aufgenommen, nachdem sie von Idi Amin Dada aus ihrem Land vertrieben wurden. Dies ist die erste Flüchtlingsaufnahme, die nicht in das Schema des Kalten Krieges passt, da Idi Amin grösstenteils ausserhalb der Einflusssphäre der beiden Blöcke steht. Die wichtigsten späteren Kontingente, die Ende der 1970er Jahre für die Flüchtlinge aus Indochina gebildet werden, erklären sich aber wiederum aus der Ost-West-Konfrontation. Zwischen 1978 und 1981 werden in der Schweiz 7500 «Boat People» aufgenommen, die aus Lagern des Hochkommissariats für Flüchtlinge in Thailand und diversen anderen südostasiatischen Ländern stammen. Es sind Flüchtlinge aus Kambodscha, Laos und Vietnam, viele von ihnen stammen von chinesischen Minderheiten ab. Bis Mitte der 1990er Jahre kommen knapp tausend zusätzliche Personen aus diesen Gruppen hinzu. Und die Schweiz nimmt weitere Kontingente aus unterschiedlichen Ländern auf, vor allem aus dem Iran (300), aus Bosnien (1500), dem Irak, Somalia, Ruanda und anderen Ländern. Die Anzahl der Kontingentflüchtlinge geht aber nach dem Kontingent aus Indochina immer weiter zurück, und seit 1995 hat die Schweiz keine Kontingente vom Hochkommissariat für Flüchtlinge mehr akzeptiert. Auf die Gründe für diese veränderte Haltung kommen wir später zurück.

Nach den Vorkommnissen in Uganda gibt es ein zweites Ereignis, das nicht in die Ost-West-Logik passen will, und dieses Ereignis markiert den Beginn einer neuen Ära: Es ist der Staatsstreich von General Pinochet im Jahr 1973.

Die chilenischen Flüchtlinge

Der Militärputsch vom 11. September 1973 in Chile richtet sich gegen die linke Koalition von Präsident Allende und führt zur Festnahme von Tausenden von Personen. Viele von ihnen werden hingerichtet, gefoltert oder ins Exil gezwungen. Zahlreiche Chilenen suchen Schutz in den Botschaften oder versuchen, in die Nachbarländer zu fliehen. Wie schon 1956 im Fall der Ungarn, appelliert das Hochkommissariat für Flüchtlinge auch jetzt an die internationale Gemeinschaft, Flüchtlinge aufzunehmen. In der Schweiz aber führt die Frage, welche Haltung einzunehmen sei, zu heftigen Kontroversen. Die Behörden geben sich von Anfang an zurückhaltend. Der Bundesrat befasst sich explizit mit der Rolle der Schweiz gegenüber Flüchtlingen aus so weit entfernten Weltgegenden. Schliesslich reagiert er auf die Anfrage des Hochkommissariats für Flüchtlinge mit dem Vorschlag, 200 Flüchtlinge aufzunehmen. Die anschliessende, umfangreiche Mobilisierung aus linken und kirchlichen Kreisen führt zu einer bescheidenen Aufstockung des Kontingentes um 55 Personen. Später werden weitere Chilenen aus argentinischen Lagern in der Schweiz aufgenommen, aber ihre Anzahl steht in keinem Vergleich zu jener der Ungarn und der Tschechoslowaken in den vorangegangenen Jahrzehnten. Wissenschaftliche Untersuchungen, darunter jene des Soziologen Claudio Bolzman (1993), haben gezeigt, dass die schweizerische Zaghaftigkeit bei der Aufnahme von Chilenen mit der politischen Ausrichtung des Staatsstreichs zusammenhängt. Die Aufnahme der Flüchtlinge fügt sich nicht mehr in eine Perspektive des Kampfes gegen den Kommunismus, und ein solidarischer Konsens ist in der Schweizer Bevölkerung nicht ohne weiteres zu erzielen. Obwohl die Kirchen und linken Kreise sich mobilisieren, reicht das Engagement der Bevölkerung nicht im Entferntesten an die Solidarität heran, die den Ungarn und den Tschechoslowaken entgegengebracht wurde. Nicht zu vergessen ist auch, dass es sich hier um eine Periode handelt, in der die fremdenfeindliche Agitation in der Schweiz stark ist; Ende

1974 lanciert die Nationale Aktion die zweite Initiative «gegen die Überfremdung und Übervölkerung der Schweiz».

Das Gesetz von 1981 und die erste «Asylkrise»

Die Folgen der Konflikte in Afrika, der Türkei, Sri Lanka …
Im Jahr 1981 erhält die Schweiz ihr erstes Asylgesetz. Das Hauptziel besteht darin, eine formelle Basis zu schaffen für eine Praxis, deren Grundlage bisher ein einziger Artikel im Gesetz von 1931 über Aufenthalt und Niederlassung der Ausländer war. Das neue Gesetz ist liberal und gewährt den Behörden einen grossen Autonomiespielraum. Nur wenige Beobachter ahnen schon damals, dass das eben beginnende Jahrzehnt eine nie dagewesene Zunahme von Asylgesuchen erleben wird. Das Asylgesetz wird von nicht abreissenden Debatten begleitet und mehreren Revisionen unterzogen, während das Asylthema selbst sich zum heissen Eisen der Innenpolitik mausert.

Zwei Ereignisse im Jahre 1980 erklären den ersten deutlichen Anstieg der Asylgesuche in der Schweiz: zum einen die Zunahme von Gesuchen aus dem immer noch vom Kommunismus beherrschten Osten, und zum anderen die Ankunft zahlreicher türkischer Asylbewerber. Die Türkei befindet in einer schwierigen Phase, insbesondere wegen des Putsches vom 12. September 1980. Die Armee hat die Macht ergriffen, die Verfassung aufgehoben, das Kriegsrecht verhängt, jede politische Aktivität verboten und die Presse zensuriert sowie Tausende von Personen eingesperrt.

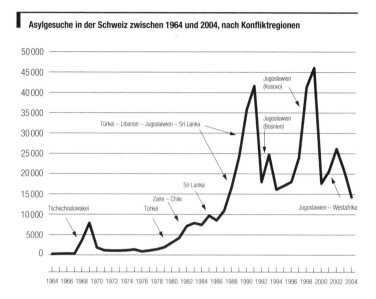

Quelle: Bundesamt für Migration

Hinzu kommen zwischen 1981 und 1983 Asylgesuche aus Chile und Zaire (der heutigen Demokratischen Republik Kongo). Zaire ist das erste afrikanische Land, das für das schweizerische Asylwesen Bedeutung bekommt. Die schwierige Situation in Zaire ist nicht neu. Seit 1965 herrscht General Mobutu mit eiserner Hand, die zairischen Asylsuchenden wandten sich früher aber eher an die alte Kolonialmacht Belgien.

Dass die Zahl der Asylgesuche seit 1984 – und bis 1990 – beträchtlich steigt, liegt zum einen bei den Asylgesuchen, die auf den Konflikt zwischen der tamilischen Minderheit und der singhalesischen Mehrheit auf der Insel Sri Lanka zurückgehen. Ein zweiter Grund ist der erneut sehr starke Anstieg von Gesuchen aus der Türkei. Letzteres steht in Zusammenhang mit dem Konflikt zwischen der türkischen Armee und der Kurdischen Arbeiterpartei (PKK) sowie, allgemeiner, mit der Verfolgung der kurdischen Minderheit; ein Konflikt, der in 15 Jahren mehr als 30 000 Opfer fordert; über 2 Millionen Menschen werden aus ihren Wohngebieten vertrieben. Mit der Entwicklung der Lage im Libanon und dem Befreiungskrieg von General Michel Aoun wird die Liste der Fluchtgründe in den Jahren 1989 und 1990 schliesslich noch einmal länger.

Aus dieser Häufung von Krisen ergibt sich ein historischer Rekord an Asylgesuchen. Im Jahr 1991 registriert die Schweiz 41 600 Gesuche. Die Anzahl der beim Eidgenössischen Justiz- und Polizeidepartement hängigen Gesuche klettert auf 61 700. Die Schweiz steckt in einer veritablen «Asylkrise», was umso schwerwiegender ist, als Ende 1991 in Kroatien der erste in einer Reihe von blutigen Konflikten in Ex-Jugoslawien ausbricht. Entsprechend erstaunlich ist die Tatsache, dass die Asylgesuche im Lauf des Jahres 1992 um die Hälfte zurückgehen (18 000 Gesuche). Allerdings nicht weil sich die Konflikte beruhigt oder die Exilgründe verblasst wären. Viel eher scheint die restriktive Politik der Schweiz ihre Wirkung zu entfalten.

Eine wachsende Tendenz zur Restriktion

Das Asylgesetz war bereits zweimal, 1983 und 1986, Gegenstand von Revisionen, die in Richtung einer Verschärfung gingen. Die Revision vom 22. Juni 1990 bringt weitere Neuerungen: Die Behörden erhalten die Möglichkeit, auf Asylgesuche, die sie als unbegründet erachten, gar nicht erst einzutreten. Sie können in solchen Fällen die sofortige Ausweisung verfügen, und sie können gewisse Herkunftsländer als «sicher» (frei von Verfolgungen) einstufen. Diese Änderungen gehen einher mit einer schnelleren Behandlung der Gesuche: Das BFF (Bundesamt für Flüchtlinge) fällt in den Jahren 1991 und 1992 in erster Instanz doppelt so viele Entscheide (rund 37 000 pro Jahr) als 1990. Und die allgemeinen Massnahmen werden um eine weitere wichtige ergänzt, die auf eine spezifische Gruppe zugeschnitten ist: Seit Januar 1992 verlangt die Schweiz von allen Bürgern aus Ex-Jugoslawien ein Visum.

Der Zusammenhang zwischen diesen Massnahmen und dem Rückgang der Asylgesuche ist nicht einfach zu erkennen. Es gibt aber ein Indiz für eine solche Korrelation: Die Schweiz ist das einzige europäische Land, in dem zwischen 1991 und 1992 die Asylgesuche so massiv zurückgingen. Zwar verzeichnen auch Frankreich, Österreich, die Niederlande und Grossbritannien eine Abnahme der Gesuche. In Deutschland hingegen nehmen die Gesuche von 256 100 auf 438 200 massiv zu, während sie in Belgien von 15 400 auf 17 400 und in Schweden von 27 400 auf 84 000 ansteigen. Insgesamt registriert man für die 10 wichtigsten Aufnahmeländer Westeuropas im Jahr 1992 eine Zunahme und nicht einen Rückgang der Asylgesuche (vgl. Graphik unten). Die restriktiven Massnahmen der Schweiz scheinen also tatsächlich Wirkung gezeigt zu haben, allerdings weniger im Sinn einer Abschreckung der Asylsuchenden als vielmehr einer Umlenkung der Gesuche auf andere Aufnahmeländer.

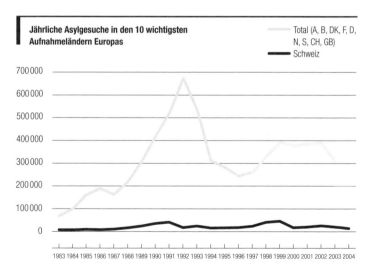

Quelle: Inter-governmental Consultations on Asylum, UNHCR und Bundesamt für Migration

Was ist davon zu halten? Das umgekehrte Phänomen zeigt sich ein Jahr später: Infolge der restriktiven Massnahmen Deutschlands steigen die Asylgesuche in der Schweiz erneut bis zu einem Höchststand an, und dies trotz eines gesamthaften Rückgangs der Gesuche in Europa. Und das Nullsummenspiel geht weiter. Es besteht für die unterschiedlichen europäischen Länder darin, sich gegenseitig bei den Aufnahmebedingungen zu unterbieten, um die eigene Attraktivität zu senken.

Die zweite «Asylkrise»

Die Auswirkungen der Konflikte in Jugoslawien
Ende der 1990er Jahre ist die serbische Provinz Kosovo mit ihrer mehrheitlich albanischen Bevölkerung immer stärker den Übergriffen der Regierung Milosevic ausgesetzt. Die Lage im Kosovo führt in der Schweiz zu dem, was man als «zweite Asylkrise» bezeichnen kann. Die Gesuche erreichen im Jahr 1999 einen neuen Höchststand von 46 000. Zwei Drittel der Asylsuchenden, das heisst 35 000, stammen aus Ex-Jugoslawien, was zu einem grossen Teil mit der engen Beziehung zu erklären ist, die wegen der Arbeitskräfterekrutierung in den 1980er Jahren zwischen Jugoslawien und der Schweiz bestand.

Angesichts eines Zustroms, der alles Bisherige in den Schatten stellt, sieht sich die Schweiz gezwungen, dringliche Massnahmen zu ergreifen. So werden zahlreiche Asylbewerber unter sehr prekären Bedingungen, beispielsweise in unterirdischen Zivilschutzanlagen, untergebracht. Und es werden Massnahmen ergriffen, um zu verhindern, dass eine ausserordentlich hohe Zahl individueller Gesuche behandelt werden muss. Zahlreiche Kosovaren erhalten ohne Asylverfahren einen Übergangsstatus als «vorläufig aufgenommene Person». Diese Massnahme garantiert den Flüchtlingen, dass sie nicht in ihre Herkunftsregion ausgeschafft werden. Sie verweigert ihnen aber zugleich den Zugang zum eigentlichen Flüchtlingsstatus gemäss UNO-Konvention von 1951.

Die provisorische Zulassung wird nach der internationalen Intervention im Kosovo wieder aufgehoben und endet in der mehr oder weniger erzwungenen Rückwanderung von Zehntausenden von Flüchtlingen. Verglichen mit früheren Massenauswanderungen ist dies ein vollkommen neuartiger Ausgang. Die Schweiz findet sich fünfzig Jahre nach der Ratifizierung der Flüchtlingskonvention in einem radikal transformierten Asylkontext wieder.

10

Die aktuelle Asylsituation in der Schweiz

Seit dem Abflauen des Kosovo-Konfliktes ist die Zahl der Asylgesuche in der Schweiz und in den meisten europäischen Ländern deutlich zurückgegangen. Die Asylfrage bleibt aber auf der Traktandenliste, weil die Zahlen für die Jahre 2002 bis 2004 in der Schweiz immer noch an die 10 000 bis 20 000 heranreichen. In den wichtigsten Ländern Europas sind es um die 200 000 bis 300 000. War es Ende der 1990er Jahre Deutschland, das die höchste Zahl Asylgesuche registrierte, so sind jetzt Frankreich und Grossbritannien in dieser Situation.

Vielfältige Herkunftsregionen und Statuskategorien der Asylbewerber

Im Jahr 2004 stammten die meisten der in der Schweiz eingereichten Gesuche von Flüchtlingen aus folgenden Ländern (in absteigender Reihenfolge): Serbien und Montenegro, Türkei, Georgien, Irak, Bulgarien, Somalia, Russland, Algerien, Nigeria, Guinea und die Demokratische Republik Kongo (vgl. Tabelle S. 104). Infolge der wachsenden Vielfalt der Herkunftsländer gestaltet sich die Behandlung der

Asylgesuche immer komplexer, denn das Bundesamt für Flüchtlinge ist auf vertiefte Kenntnisse der Lage in jedem einzelnen Herkunftsland angewiesen, um seine Entscheidungen fällen zu können.

In der Schweiz eingereichte Asylgesuche in den Jahren 2002, 2003 und 2004, nach Herkunftsland

Herkunftsland	2002	2003	2004
Algerien	1027	830	480
Angola	849	380	168
Armenien	483	383	329
Äthiopien	364	325	166
Bangladesh	292	333	168
Bosnien-Herzegowina	1602	747	301
Bulgarien	793	282	624
Georgien	698	762	731
Guinea	767	656	412
Irak	1185	1458	631
Kamerun	343	336	201
Kongo (Demokratische Republik)	807	537	345
Mazedonien	1109	343	225
Mongolei	290	302	119
Nigeria	1091	502	418
Russland	507	511	505
Serbien und Montenegro	3761	2953	1777
Somalia	402	474	592
Sri Lanka	477	342	251
Türkei	1963	1674	1154
Belarus	270	336	140
Andere Staaten	7598	6571	4511
TOTAL	26 678	21 037	14 248

Quelle: Bundesamt für Migration (Länder, aus denen 2003 oder 2004 mehr als 300 Asylgesuche stammten)

Die Asylbevölkerung besteht am 31. Dezember 2004 aus vier grossen Personengruppen, die sich bezüglich ihres Status stark unterscheiden:

- *Die Asylbewerber.* Sie haben ein Asylgesuch eingereicht, aber noch keine definitive Antwort und keinen Wegweisungsentscheid bekommen (31 696). So registriert man 6251 Personen, die auf einen erstinstanzlichen Entscheid des Bundesamtes für Flüchtlinge warten. 11 214 Personen warten auf den zweitinstanzlichen Bescheid der Rekurskommission. Und 14 231 Personen haben einen definitiven negativen Entscheid erhalten, sind aber noch nicht ausgereist.
- *Die anerkannten Flüchtlinge.* Sie erfüllen die Bedingungen für den Flüchtlingsstatus und haben das Recht auf unbefristeten Aufenthalt in der Schweiz (24 271). Der Flüchtlingsstatus wird jährlich an rund 2000 Personen verliehen, bei leicht rückläufiger Tendenz.
- *Die «vorläufig aufgenommenen» Personen.* Sie haben eine provisorische Aufenthaltsbewilligung, die entweder mit der Gewaltsituation in ihrem Herkunftsland zusammenhängt (gemäss dem in internationalen Konventionen verankerten Prinzip der Nicht-Rückschaffung) oder mit der Tatsache, dass ihre Rückkehr aus medizinischen, humanitären oder anderen Gründen nicht vollzogen werden kann (23 407).
- *Personen mit Aufenthaltsbewilligung für Härtefälle.* Dazu gehören unter anderem Asylbewerber, deren Gesuch abgelehnt wurde, die aber aus gesundheitlichen oder familiären Gründen sowie infolge guter Integration auf dem Arbeitsmarkt eine langfristige Aufenthaltsbewilligung bekommen haben (rund 50 000 haben seit 1990 diesen Status erhalten).

Hatte man in der Zeit zwischen 1950 und 1990 für Schutz suchende Personen nur den «Flüchtlings»-Status zur Verfügung, so ist seither bei den übrigen Aufenthaltskategorien ein starker Anstieg zu verzeichnen (vgl. Graphik S. 106).

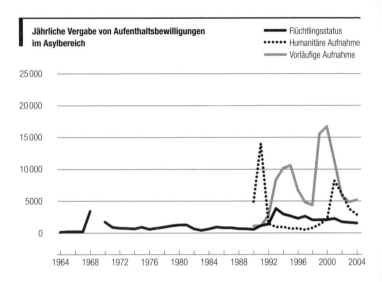

Quelle: Bundesamt für Migration (für einige Jahre liegen keine Angaben vor – Humanitäre u. Vorl. Aufnahme ab 1990)

Neuere Entwicklung und allgemeine Orientierung der schweizerischen Asylpolitik: Ein legislativer Rausch

Von allen Kompetenzbereichen des Bundes ist es die Asylpolitik, die in den letzten Jahren in kürzester Zeit die grösste Zahl von Änderungen erfahren hat, und zwar in Form von Gesetzesrevisionen, dringlichen Bundesbeschlüssen oder Verordnungen. Das 1981 in Kraft getretene Gesetz wurde in substantieller Weise revidiert oder ergänzt in den Jahren 1983, 1986, 1990, 1992, 1995, 1996, 1998, 1999 (neues Gesetz), 2003 und 2005. Dieser legislative Rausch erklärt sich aus dem raschen Wandel, den Art und Umfang der Migrationsströme erlebten, aber auch aus der Tatsache, dass das Asylthema eines der kontroversesten Themen der politischen Debatten der Schweiz ist. Dieses Thema gibt gewissen Parteien die Möglichkeit, die Behörden dauerhaft unter Druck zu setzen. So wurden dem Volk während dieser Phase ganze sechs Volksinitiativen oder Referenden vorgelegt (vgl. Anhänge, S. 173).

Aus dem behördlichen Handeln der letzten zwanzig Jahre schälen sich vier grosse und sehr beständige Leitlinien heraus:
- Bewahrung des bestehenden Systems;
- Anpassung an den Wandel des Kontexts, durch Vermehrung der Statuskategorien;
- Beschleunigung der Verfahren und des Entscheidungsvollzugs;
- Leistungsabbau als Abschreckungsmethode.

Im Übrigen wächst der Druck auf die Politik auch infolge des Sparzwangs im Asylbereich. Die Ausgaben für diesen Bereich belaufen sich auf jährlich eine Milliarde Franken.

Systemerhaltung, Vermehrung der Statuskategorien, Beschleunigung und Abschreckung

Das Bestreben, das in der Schweiz seit 1954 bestehende Asylsystem aufrechtzuerhalten, folgt klar aus den internationalen Verpflichtungen, aber auch aus dem Stellenwert, den die «humanitäre Rolle» für die schweizerische Identität hat. Das Herzstück dieses Systems umfasst den individuellen Charakter des Verfahrens, die strikte Trennung zwischen dem humanitären und dem ökonomischen Teil der Einwanderungspolitik und die Tatsache, dass der Schutz in der Schweiz selbst gewährt wird. Ein Paradigmenwechsel wurde nie ernsthaft erwogen, obwohl die Asylpolitik in den letzten Jahrzehnten zahlreichen Anfechtungen ausgesetzt war. Zwar kam aus manchen Kreisen der Vorschlag, die Aufnahme in der Schweiz drastisch einzuschränken und sich stattdessen verstärkt an den kollektiven Schutzmassnahmen in den Herkunftszonen der Flüchtlinge zu beteiligen. Andere haben vorgeschlagen, die Flüchtlinge in ein globales Einwanderungskontingent zu integrieren (vgl. Kapitel 7). Diese Vorschläge haben es aber nie geschafft, die Behörden für sich einzunehmen.

Die zweite Leitlinie der Asylpolitik besteht in der Schaffung unterschiedlicher Aufenthaltsbewilligungen, die nur vorübergehend

Schutz bieten. Diese Tendenz kann man als Versuch interpretieren, dem eigentlichen «Flüchtlings»-Status alle zu diesem Status gehörenden Rechte zu bewahren und zugleich die Anzahl der Berechtigten zu beschränken. In einer Phase steigender Asylgesuche schaffen die weniger vorteilhaften Statuskategorien die Möglichkeit, die gemäss internationalen Vereinbarungen untersagte Rückschaffung in Gefahrenzonen zu vermeiden, ohne deswegen den Staat zur langfristigen Aufnahme zu verpflichten.

Die unterschiedlichen Formen eines provisorischen Status, die in der Schweiz Verwendung finden, sind in der Tabelle auf Seite 109 aufgelistet. Dabei gibt es zwischen Asylbewerbern und Flüchtlingen grosse, graduell abgestufte Unterschiede, was den gewährten Schutz und die Qualität der Aufnahmebedingungen betrifft (Stabilität des Aufenthaltes, Zugang zum Arbeitsmarkt, Recht auf Familiennachzug, Bewegungsfreiheit, Integrationsmassnahmen). Während für die Asylbewerber minimale Bedingungen gelten, ist die Situation der Flüchtlinge am vorteilhaftesten.

Extrem prekäre provisorische Situationen

Die Schaffung provisorischer Statusformen kann auf zwei gegensätzliche Arten interpretiert werden. Auf der einen Seite führt diese Regelung zu einer Verbesserung der Aufnahmebedingungen. So bietet sie beispielsweise jenen Personen Schutz, die keinen Anspruch auf den Flüchtlingsstatus haben, weil sie vor Gewaltsituationen und Verfolgung fliehen, die nicht unmittelbar gegen sie persönlich gerichtet sind. Auf der anderen Seite lässt die Pluralisierung der Statusformen zahlreiche Exilierte in provisorischen und oft äusserst schwierigen Situationen verharren. Auch wenn solche Statusformen zurzeit angesichts der Zunahme und Diversifizierung der Asylgesuche zweifellos ihre Berechtigung haben, so drängt sich doch die Einsicht auf: Hätte es diese provisorischen Aufnahmeformen schon zur Zeit der ungarischen und tschechoslowakischen Flüchtlingswellen gegeben, dann hätten sie zahlreichen Flüchtlingen die dauerhafte Niederlassung in der Schweiz verwehrt. Damit wären auch einige der vornehmsten Kapitel der schweizerischen Gastfreundschaft nie geschrieben worden.

Aufenthaltskategorien im Asylbereich in der Schweiz

1981	1990	2006
		Flüchtlinge
	Flüchtlinge	Härtefälle
Flüchtlinge	Härtefälle	Vorläufig Aufnahme
Härtefälle	Vorläufig Aufnahme	Vorübergehender Schutz
Asylsuchende	Asylsuchende	Asylsuchende

Es gibt bei den Behörden noch eine dritte permanente Besorgnis, die mit der Beschleunigung der Verfahren und mit den Rückschaffungen in Zusammenhang steht. Anfang der 1980er Jahre kam es nicht selten vor, dass Asylverfahren sich über mehrere Jahre hinzogen. Schliesslich haben die Aufgabenteilung zwischen Bund und Kantonen, die Begrenzung der Rekursfristen und die Kooperationspflicht der Bewerber zusammen mit einer Reihe weiterer Massnahmen zu einer signifikanten Verkürzung der Verfahrensdauer geführt.

In dieselbe Richtung weist auch die Errichtung von Schranken, die den Zugang zum Asylverfahren erschweren (Nichteintreten auf gewisse Gesuche).

Zugleich hat aber eine Reihe von Faktoren dazu geführt, dass es beim Vollzug der rechtskräftig gewordenen negativen Asylentscheide zu grossen Verspätungen kam. Zu diesen Faktoren gehören: die steigende Zahl der Herkunftsländer, die schwierige Zusammenarbeit mit deren Regierungen und die Schwierigkeit, Reisedokumente zu beschaffen. Ein weiterer Grund für die Verzögerungen war die Tatsache, dass man vermeiden musste, abgewiesene Asylbewerber in Länder auszuschaffen, in denen sie Bedrohungen ausgesetzt wären.

Die Ära der Verstellungen und Verdächtigungen. Die Ausschaffungen
Diese Situation führte zu einer Verschlechterung der Beziehungen zwischen den Akteuren der Asylpolitik. Angesichts der geringen Erfolgschancen ihrer Gesuche und des Risikos, die Schweiz rasch verlassen zu müssen, haben die Asylbewerber in der Tat ein objektives Interesse daran, ihre Herkunft und Reiseroute zu verschweigen und ihre Ausweispapiere verschwinden zu lassen, um eine zwangsweise Rückschaffung zu erschweren. Die Bundesbehörden neigen ihrerseits dazu, jede Person, die keine Ausweispapiere hat – bei erzwungenem Exil eine durchaus verständliche Situation –, zu verdächtigen, ein Heuchler ohne Asylgrund zu sein. Schliesslich verhalten sich auch die mit der Ausschaffung betrauten Kantone nicht immer kooperativ. Sie versuchen indirekt, ihre eigenen liberalen Vorstellungen zur Asylpolitik durchzusetzen oder im Gegenteil eine aus ihrer Sicht zu milde Praxis zu verschärfen. Auf dieser Basis hat die Ausschaffungsproblematik in den letzten Jahren zu etlichen Auseinandersetzungen im Asylbereich geführt.

Der Bund versuchte und versucht immer noch, die Situation zu verbessern, indem er Rücknahmevereinbarungen mit den Herkunftsländern abschliesst (Deutschland 1993, Italien und Frankreich 1998, Österreich und Liechtenstein im Jahr 2000), die Ausschaffungsbedingungen verschärft und die Ausschaffungshaft zulässt, die Kantone mit finanziellen Druckmitteln zum Vollzug der Ausschaffungen drängt und die Asylbewerber unter Druck setzt, alle Informationen und verlangten Dokumente vorzulegen. Diese Strategie gerät aber oft in Konflikt mit dem Grundrecht jeder Person, angehört zu werden und innert vernünftiger Frist gegen Entscheide, die sie betreffen, rekurrieren zu können.

Die Asylbewerber entmutigen
Die vierte Konstante, die sich in der schweizerischen Politik feststellen lässt, ist eine Abschreckungstaktik. Deren Ziel besteht darin, unattraktive Aufnahmebedingungen zu schaffen, um unbegründete Asylgesuche zu verhindern. So wurde die Sozialhilfe für Asylbewerber sukzessive gekürzt und der Zugang zum Arbeitsmarkt oder zu Krankenkassenleistungen eingeschränkt. Der europäische und der weltweite Kontext haben bei dieser Entwicklung offensichtlich eine Rolle gespielt: Die Behörden fürchteten, die Schweiz könnte eine grössere Anziehungskraft ausüben als die übrigen potentiellen Asyldestinationen. Darin spiegelt sich eine sehr reaktive, zu einem grossen Teil von externen Entwicklungen bestimmte Haltung, was im Folgenden näher unter die Lupe genommen wird.

11

Der internationale Asylkontext

Die zentrale These dieses Kapitels lautet: Seit dem Abschluss internationaler Vereinbarungen um die Mitte des 20. Jahrhunderts hat der Asylbereich eine Reihe grösserer Veränderungen erlebt. Die Schwierigkeiten, mit denen die Aufnahmeländer heute konfrontiert sind, lassen sich aus diesen Veränderungen erklären. Um sie zu bewältigen, wird es zweifelsohne neue Lösungen brauchen.

Die Asylsituation, die in der Zeit zwischen dem Zweiten Weltkrieg und den 1970er Jahren herrschte, lässt sich an sieben Merkmalen charakterisieren. Bei jedem dieser sieben Merkmale findet ein sukzessiver Wandel statt, und zwar sowohl in der Schweiz wie in den übrigen westlichen Ländern.

Merkmale des Asylbereichs in den westlichen Ländern

Ende der siebziger Jahre	Weitere Entwicklung
Kalter Krieg	Komplexer werdende Ausgangslage
Distanzen haben eine hemmende Wirkung	Globalisierung der Asylsituation
Neuansiedlung und Eingliederung im Rahmen von Kontingenten	Asylgesuche werden vor Ort eingereicht
Bescheidene Flüchtlingszahlen	Steigende Flüchtlingszahlen
Konsens zwischen den Aufnahmeländern	Konkurrenz zwischen den Aufnahmeländern
Günstige Wirtschaftslage in den Aufnahmeländern	Ungünstige Wirtschaftslage in den Aufnahmeländern
Bevölkerung generell aufnahmebereit	Ablehnende Haltung der Bevölkerung

Die Ausgangslage der Asylbewerber wird immer komplexer

Der Massenaufbruch von Flüchtlingen hat in erster Linie mit der steigenden Komplexität ihrer Ausgangslage zu tun. Diese Komplexität ist zum einen eine geographische: Es kommen immer mehr Herkunftsländer hinzu, und an die Stelle der Ost-West-Problematik tritt eine Nord-Süd-Problematik ins Zentrum. Die Komplexität ist aber auch eine politische: Die Fluchtgründe diversifizieren sich. Man flieht nicht mehr einfach vor einem repressiven kommunistischen Regime nach Europa, auch nicht vor einem kommunistischen Eindringling (Ungarn, Tschechoslowakei, Tibet). Die Flüchtlinge sind jetzt auf der Flucht vor Regierungen jeder politischen Couleur (Irak, Türkei), vor Verfolgungen mit einer religiösen oder ethnischen Dimension (Sri Lanka, Bosnien, Kosovo), sie wollen sich nicht eine Sprache oder Kultur aufzwingen lassen (Kurdistan) oder flüchten vor allgemeiner Anarchie, wenn ein Staat nicht mehr in der Lage ist, die Sicherheit seiner Bürger zu garantieren (Somalia, Liberia, Südafrika). Zuvor hatte man es mit Personen zu tun, die aus der Perspektive des Kalten Krieges als heldenhafte politische Oppositionelle oder als Dissidenten erschienen, über denen der schützende Schatten eines Sacharow oder Solschenizyn schwebte – Letzterer lebte 1974 als Flüchtling in Zürich.

Nun geht es um die unglücklichen Opfer von Ereignissen, gegen die sie selbst machtlos sind, oder von kollektiven Verfolgungen, deren persönliche Folgen aus ihren Schilderungen nur schwer zu erkennen sind. So kommt es immer häufiger vor, dass Aufnahmeländer die angeführten Fluchtgründe auf dem Hintergrund der Konvention von 1951 als nicht ausreichend beurteilen. Schliesslich brechen die Quoten der positiven Asylentscheide ein.

Globalisierung der Asylsituation, Gesuche vor Ort und steigende Zahlen
Während der Jahre 1950 bis 1970 stammte ein beträchtlicher Teil der Flüchtlinge in der Schweiz aus relativ nahe gelegenen Ländern. Nun nehmen die Distanzen zu den Herkunftsregionen zu. Und waren die chilenischen und die indochinesischen Flüchtlinge noch auf die Hilfe des HCR oder des Roten Kreuzes angewiesen, um im Rahmen von Kontingenten in die Schweiz zu gelangen, so schaffen ihre Nachfolger aus Sri Lanka, Angola oder Pakistan die Reise oft aus eigener Kraft oder mit Hilfe von Fluchthelfern und können vor Ort, im Aufnahmeland selbst ein Gesuch einreichen.

Die bremsende Wirkung der weiten Distanzen hat aus mindestens vier Gründen stark nachgelassen. Erstens sinken die Reisekosten infolge verbesserter Transportmittel. Zweitens steigt der Wohlstand der potentiellen Migranten, weil sich in den meisten Ländern der Welt eine Mittelklasse herausgebildet hat. Drittens führt die allgemeine Verbreitung der Telekommunikation dazu, dass die Migranten über potentielle Destinationen besser informiert sind; aus demselben Grund sinken auch die subjektiven Kosten, um die Distanz zu überwinden und die Verbindung zum Herkunftsland aufrechtzuerhalten. Und viertens ist schliesslich auch der Grenzübertritt einfacher geworden, nachdem der Eiserne Vorhang verschwunden war und die Wanderungsbewegungen allgemein zugenommen haben. So gelangen beispielsweise rund 630 000 Personen und 330 000 Touristenfahrzeuge täglich an 380 Strassenübergängen in die Schweiz. Da kann man sich leicht vorstellen, dass es kaum möglich ist, Grenzkontrollen als Abschreckungsmittel zu nutzen.

Vor diesem Hintergrund ist die Zahl der Flüchtlinge nach den Angaben des HCR weltweit massiv angestiegen: von 2,1 Millionen im Jahr 1951 auf 10,2 Millionen im Jahr 1981 und auf über 20 Millionen im Jahr 2000, bevor bis 2005 wieder ein leichter Rückgang zu verzeichnen war.

In dieser neuen Situation kam der Begriff *«jet age asylum seekers»* auf, um die heutigen Flüchtlinge zu bezeichnen. Obwohl dieser Begriff korrekterweise darauf hinweist, dass eine Globalisierung der Flüchtlingsströme im Gang ist, ist er aus zwei Gründen trügerisch. Zum einen nutzen die meisten Asylbewerber weiterhin den Land- oder Seeweg und nicht das Flugzeug, um an ihr Ziel zu gelangen. Und zum anderen ist der Einfluss grosser Entfernungen auf die Flüchtlingsströme zwar rückläufig, aber bei weitem nicht verschwunden. Das Problem der Reiserouten ist weiterhin nicht zu trennen von der Frage nach den Transportmitteln, nach der Topographie und den Grenzen, aber auch nicht von der Versorgung und den klimatischen Bedingungen. Unter allen Wanderungsbewegungen ist jene der Flüchtlinge weltweit diejenige, die am unmittelbarsten von der Geographie abhängt. Dies verdeutlicht auch der hohe Anteil an Exilierten, die als «anerkannte Flüchtlinge» in Ländern Asyl finden, die direkt an ihr Herkunftsland angrenzen.

Die Last der Aufnahme von Flüchtlingen wird in diesem Sinn nur zu einem bescheidenen Teil von der Schweiz und von hoch entwickelten Ländern überhaupt getragen.

Wichtigste Aufnahmeländer von Flüchtlingen weltweit, Ende 2004

Iran	1 046 000
Pakistan	960 000
Deutschland	876 000
Tansania	602 000
USA	420 000
China	299 000
Grossbritannien	289 000
Serbien und Montenegro	276 000
Tschad	259 000
Uganda	250 000

Quelle: UNO-Hochkommissariat für Flüchtlinge

Der Unterbietungs-Wettbewerb der Aufnahmeländer

Fern sind die Zeiten, als die Asylländer wie 1956 an der ungarischen Grenze in den österreichischen Lagern Empfangsstellen einrichteten, um die Flüchtlinge mit offenen Armen zu empfangen. Ende des 20. Jahrhunderts hat sich im Gegenteil ein Wettbewerb im gegenseitigen Unterbieten eingestellt, bei dem jeder Staat das Ziel verfolgt, seine Attraktivität und damit die Zahl der Asylgesuche auf eigenem Terrain zu reduzieren.

Offiziell ist zwar die Rede von kollektiver Lastenverteilung *(burden sharing)*. In der Praxis aber stand das letzte Jahrzehnt eindeutig im Zeichen der Abschreckungskonkurrenz, wie die Forschung über den Wandel der Asylpolitik in mehreren Ländern Europas zeigt (Efionayi-Mäder et al. 2001). Ein weiterer Beleg für diese Konkurrenz sind die Spannungen, die zwischen Frankreich und England bei der Einrichtung des Durchgangslagers Sangatte in der Nähe des Ärmelkanaltunnels entstanden.

Obwohl dieser Wettbewerb immer noch sehr aktuell ist, scheint auf der Ebene der Europäischen Union doch langsam eine Entwicklung in Gang zu kommen. Mit dem Amsterdamer Vertrag von 1997 wurden die Kompetenzen der Europäischen Kommission im Migrationsbereich auf Kosten der Mitgliedstaaten erweitert. Im Übrigen hatte die EU bereits 1995 für den Fall eines massiven Zustroms eine Resolution zur Aufgabenteilung bei der Flüchtlingshilfe beschlossen. Im Jahr 2000 schuf sie den *European Refugee Fund,* auf den die Mitgliedstaaten im Krisenfall zurückgreifen können. Und 2004 schliesslich führte sie Richtlinien ein, die den Asylbewerbern in der ganzen Europäischen Union eine Reihe grundlegender Rechte garantieren (persönliche Anhörung, Übersetzung, Rechtsberatung, Beschwerderecht, Rechtsbeistand für Minderjährige). Ausserdem wurden die Kriterien für die Gewährung von Asyl besonders bei jenen Personen harmonisiert, die nicht unmittelbar unter die Konvention von 1951 fallen. Dabei bleibt aber jeder Staat weiterhin frei zu entscheiden, ob er einen Flüchtling anerkennen will oder nicht. Ein internationales Rekursrecht gibt es noch nicht. Das Abkommen von Dublin, dem die Schweiz inzwischen beigetreten ist, regelt die Frage, welches Land für die Behandlung der einzelnen Asylgesuche zuständig ist. Damit haben Asylsuchende keine Möglichkeit mehr, dasselbe Gesuch nacheinander in verschiedenen Ländern einzureichen.

Die ungünstige Wirtschaftslage verstärkt bei der Bevölkerung die abweisende Haltung

Die zwei übrigen Entwicklungen, die Einfluss auf die Asylpolitik haben, sind zum einen die Wirtschaftslage und zum anderen die Haltung der Bevölkerung.

Wie in den übrigen europäischen Ländern, hat die Ölkrise von 1974 auch in der Schweiz das Ende einer Phase des wirtschaftlichen Aufschwungs und des Arbeitskräftemangels eingeläutet. Die 1980er Jahre waren wirtschaftlich zwar günstig, reichten aber, was den Bedarf an Arbeitskräften anging – vor allem im Bereich der wenig qualifizierten Tätigkeiten – bei weitem nicht an den Stand der 1960er Jahre heran. Mit den 1990er Jahren beginnt eine Periode der Krise und wachsenden Arbeitslosigkeit. Diese Situation hat zur Folge, dass die Eingliederung nicht nur der Asylbewerber, sondern auch der anerkannten Flüchtlinge immer schwieriger wird. Während die meisten Flüchtlinge der 1950er und 1960er Jahre nach einigen Monaten in der Schweiz einer Arbeit nachgingen, haben die Flüchtlinge der 1990er Jahre erst nach jahrelangem Warten Aussicht auf diese Option. Ende Dezember 2000 waren in der Schweiz 15 415 Asylbewerber und vorläufig aufgenommene Personen berufstätig, das heisst weniger als ein Drittel der Personen im erwerbsfähigen Alter. Die Asylsuchenden stellen zwar ein Angebot an niedrig qualifizierter Arbeitskraft dar, das sehr wohl gebraucht wird – vor allem in der Hotellerie und im Gastgewerbe, wo fast die Hälfte von ihnen beschäftigt sind –, ihr Beitrag zur Gesamtwirtschaft bleibt aber gering (Piguet/Ravel 2002).

Die wirtschaftlichen Schwierigkeiten, steigende Asylbewerberzahlen und die politische Instrumentalisierung des Asylthemas haben zur Folge, dass ein Teil der Schweizer Bevölkerung den Flüchtlingen misstrauisch und verschlossen gegenübersteht. Während eine Volksinitiative «für die Begrenzung der Asylgesuche» 1988 nicht einmal die nötigen Unterschriften zusammenbrachte, um zur Abstimmung zu gelangen, wurde die Initiative «gegen die illegale Einwanderung» – die indirekt die als zu lasch betrachtete Asylpolitik im Visier hatte – in der Abstimmung vom 1. Dezember 1996 mit nur 53,7 % Nein-Stimmen verworfen. Bei der Abstimmung zur Initiative «gegen Asylrechtsmissbrauch» sind es am 24. November 2002 sogar nur sehr knappe 50,1 % Nein-Stimmen. Zudem belegen auch Meinungsumfragen bei der Bevölkerung eine negative Haltung gegenüber den wichtigsten nationalen Bevölkerungsgruppen mit Asylhintergrund.

In diesem tief greifend veränderten Umfeld müssen die Asylpolitik und das Bild einer humanitären Schweiz neu überdacht werden. Denn trotz der sinkenden Zahl von Asylgesuchen in den Jahren 2002 bis 2005 wird das Thema weiterhin aktuell bleiben, und auch in der Asylpolitik sind in den nächsten Jahren zweifellos weitere Veränderungen zu erwarten.

Im folgenden, letzten Teil dieser Untersuchung soll der Kontext skizziert werden, in dem die künftig zu treffenden Entscheidungen anzusiedeln sind. Zu diesem Zweck verlassen wir die bisherige chronologische Struktur zugunsten einer vertieften Diskussion der heutigen Situation und der wichtigsten Vorgänge im Zusammenhang mit der Migration in der Schweiz. Den Anfang macht das Thema Integration (Kapitel 12), gefolgt von der aktuellen Entwicklung der schweizerischen Politik im europäischen und weltweiten Kontext (Kapitel 13) und der Frage, was heute und in Zukunft im Einwanderungsbereich auf dem Spiel steht (Kapitel 14). Es folgt zum Schluss eine grundsätzliche Auseinandersetzung mit den tieferen Gründen für die Schwierigkeiten, mit denen es die Staaten angesichts der Herausforderungen im Migrationsbereich heute aufnehmen müssen.

12

Die aktuelle Situation und die Herausforderungen im Migrationsbereich

Die Integration

Bisher haben wir uns mit der Einwanderung auf demographischer und politischer Ebene beschäftigt. Noch nicht zur Sprache gekommen sind die Beziehungen zwischen den Immigranten, ihren Nachkommen und der Bevölkerung, die bereits vor ihnen in der Schweiz lebte, und deren Einstellungen zum Zusammenleben. Diese Frage ist sowohl auf ideologischer als auch auf wissenschaftlicher Ebene heikel. Was heisst schliesslich «gelungene Integration»? Soll man wünschen, dass die Einwanderer sich immer mehr den Einheimischen angleichen? Dass sie deren Werte und Gebräuche übernehmen? Soll man die aufnehmende Gesellschaft nicht eher als *work in progress* verstehen und ihr zutrauen, dass sie die Unterschiede als Bereicherung versteht und für die eigene Entwicklung zu nutzen weiss? Wenn man sich für Letzteres entscheidet und die – im Allgemeinen für ideal gehaltene – Option eines gegenseitigen Annäherungsprozesses wählt: Welche Haltung soll man dann einnehmen, wenn ein Teil der Migranten in der Aufnahmegesellschaft dauerhafte, abgegrenzte Untergruppen bildet?

Im Folgenden geht es lediglich darum, den Lesern und Leserinnen Basisinformationen anzubieten, die für eine öffentliche Auseinandersetzung mit diesen Fragen von Nutzen sein können. Mit Hilfe dieses Ansatzes lässt sich beurteilen, ob manche Personengruppen mit einem Migrationshintergrund am Rande der Gesellschaft bleiben. Dazu werden verschiedene Aspekte herangezogen wie die Stabilität des Aufenthaltes, soziale Kontakte, Arbeitsmarkt und Kriminalität. Unsere zentrale These lautet, dass es den Immigranten und ihren Nachkommen im Allgemeinen erstaunlich gut gelungen ist, einen Platz in der schweizerischen Gesellschaft zu finden. Schwarzmalerei ist in diesem Bereich also wenig begründet. Andererseits muss auch das optimistische Bild noch weiter differenziert werden.

Die Stabilität des Aufenthaltes

Ein stabiler Status ist eine wichtige Voraussetzung, damit Migranten im Aufnahmeland dauerhafte Projekte verfolgen und die Integration anstreben können. In der Schweiz war freilich lange Zeit eine starke Rotation der Migrationsbevölkerung zu verzeichnen, was seinen Grund im System der Saisonnier- und Jahresbewilligungen hatte. Heute ist in der Schweiz im Allgemeinen deutlich mehr Stabilität bei der Bevölkerung mit Migrationshintergrund festzustellen. So sind 67 % der ausländischen Wohnbevölkerung gegenwärtig im Besitz unbefristeter Niederlassungsbewilligungen, um 1960 waren es noch weniger als 25 %. Diese Stabilisierung der ausländischen Bevölkerung zeigt sich auch darin, dass inzwischen eine zweite und dritte Generation von Migrantennachkommen im Lande lebt. Der Anteil der in der Schweiz geborenen Ausländer wächst und liegt zurzeit bei rund einem Viertel. Ebenfalls eine Zunahme ist bei der durchschnittlichen Aufenthaltsdauer und bei den Einbürgerungen zu verzeichnen. Im Jahr 2000 zählte die Schweiz 526 700 eingebürgerte Personen, die bei ihrer Geburt noch ausländische Staatsangehörige waren; das sind 7,4 % der Bevölkerung.

Diese Stabilisierung hat eine Angleichung der demographischen Profile zur Folge. So war bei der ausländischen Bevölkerung in der Schweiz während der 1950er und 1960er Jahre der Anteil an Personen zwischen 20 und 35 noch hoch und der Anteil älterer Personen und Kinder gering. Heute ist das Profil der ausländischen Wohnbevölkerung zunehmend homogener. Zwar ist der Übergang ins Rentenalter für viele Ausländer der Zeitpunkt zur lang ersehnten Rückkehr in ihr Herkunftsland. Es entscheiden sich aber auch sehr viele ältere Immigranten dafür, in der Schweiz zu bleiben oder zwischen beiden Ländern hin- und herzupendeln.

Die sozialen Kontakte. Die Beherrschung einer Landessprache des Aufnahmelandes

Sind Personen mit Migrationshintergrund in der Lage, mit den Einheimischen in Kontakt zu gelangen, oder leben sie unter sich in einer abgeschlossenen Welt? Um diese Frage zu beantworten, werden im Folgenden vier Indikatoren herangezogen, die allerdings zwangsläufig reduktiv sind: Spracherwerb, Angleichung des Bildungsstandes, räumliche Nähe und binationale Ehen.

Die überwiegende Mehrheit der Immigranten und vor allem ihre Kinder haben das nötige Rüstzeug erworben, um mit ihrer neuen Umgebung Kontakt aufzunehmen und in ihr eine Rolle zu spielen. Obwohl die Bevölkerung mit Migrationshintergrund heute aus immer weiter entfernten Regionen stammt und immer unterschiedlichere Sprachen spricht, bereitet die Beherrschung der Sprache der Aufnahmeregion den jungen Ausländern immer weniger Probleme. Bezeichneten um 1970 nur 23,1 % der unter 25-Jährigen die Sprache ihrer Aufnahmeregion als Muttersprache oder als Hauptsprache, so stieg dieser Anteil bis 1980 auf 30,3 %, bis 1990 auf 42,3 % und bis 2000 auf 59,9 %! Bei den in der Schweiz geborenen Personen benutzen im Jahr 2000 80 % der Spanier, 69 % der Portugiesen, 65 % der Türken und 58 % der Personen aus der Föderativen Republik Jugoslawien eine schweizerische Nationalsprache als Hauptsprache.

Berufsbildung: Mit der zweiten Generation beginnt die Angleichung

Der Bildungsstand von Personen mit Migrationshintergrund hat sich ebenfalls positiv entwickelt. Bei der Volkszählung von 1960 gaben 80 % der in der Schweiz wohnhaften Ausländer mit abgeschlossener

Ausbildung an, höchstens die Primarschule besucht zu haben. Bis ins Jahr 2000 sank diese Zahl auf 52 %. Zwar ist der Bildungsstand der ausländischen Bevölkerung immer noch deutlich tiefer als jener der Schweizer Bevölkerung; unter den Schweizern haben lediglich 28 % keine nachobligatorische Bildung. Aber bei der zweiten Ausländergeneration ist eine deutliche Angleichung festzustellen (37,8 % von ihnen haben höchstens einen Primarschulabschluss). Wenn diese Generation gegenüber der Schweizer Bevölkerung im Rückstand ist, so liegt das grösstenteils am tiefen Qualifikationsniveau der Eltern. Es ist aber nicht auszuschliessen, dass die schulischen Schwierigkeiten bei einigen Gruppen, auf die wir noch zurückkommen wollen, mit Faktoren zu erklären sind, die unmittelbarer mit der Migration zusammenhängen, so beispielsweise mit sprachlichen Nachteilen. Im Allgemeinen und unter Berücksichtigung des tiefen Bildungsstandes der Eltern fällt die Gesamtbilanz positiv aus: Der Bildungsstand der jungen Ausländer ist im Steigen begriffen.

Eine Schweiz ohne Ghettos

Die geographische Verteilung der ausländischen Bevölkerung ist in der Schweiz alles andere als homogen. So sind die Ausländer in den Städten und manchmal auch in einzelnen Quartieren stärker vertreten. Manche Gemeinden, wie beispielsweise Renens im Osten Lausannes, weisen sogar einen Rekordanteil von über 50 % Ausländern auf.

Die Bilanz im Bereich der räumlichen Integration der ausländischen Bevölkerung ist im internationalen Vergleich ebenfalls positiv. Die Schweizer Städte und ihre Agglomerationen kennen in der Tat keine Ghettos, in denen sich einzelne Bevölkerungsgruppen mit Migrationshintergrund konzentrieren würden. Die Diversifizierung der Herkunftsregionen betrifft jedes Quartier und jede Gemeinde. Wohl sind in den Agglomerationen von Lausanne oder Basel Menschen aus der Türkei und aus Ex-Jugoslawien in manchen Gemeinden etwas stärker vertreten als Menschen aus süd- oder nordeuropäischen Ländern. Aber um die Grössenverhältnisse zu verdeutlichen: Wenn ein Viertel der Bevölkerung aus diesen Gruppen den Wohnort wechseln würde, so würde dies bereits ausreichen, um die räumliche Verteilung vollkommen ausgeglichen zu gestalten.

Eine Wahrscheinlichkeit von etwa 1:2 für ausländische Einwohner, einen Schweizer oder eine Schweizerin zu heiraten
In den Bevölkerungsgruppen, die schon seit langem in der Schweiz ansässig sind, steigt die Häufigkeit, mit der Ehen zwischen einem ausländischen und einem Schweizer Partner bzw. einer Partnerin geschlossen werden, stark an: eine vorhersehbare Folge des Spracherwerbs und der Angleichung der Bildungsniveaus, vielleicht auch der räumlichen Nähe. So stieg der Anteil binationaler Ehen am Total der in der Schweiz geschlossenen Ehen kontinuierlich an: von 12 % im Jahr 1948 auf 20 % im 1986, 31 % im 1997 und 36 % im Jahr 2003. Wenn eine in der Schweiz wohnhafte Person ausländischer Herkunft heiratet, beträgt die Wahrscheinlichkeit, dass der Partner bzw. die Partnerin schweizerischer Nationalität ist, mehr als eins zu zwei (58 %).

Eine ausgeglichenere Verteilung der Ausländer in der Arbeitswelt

Eine Tendenz zur Angleichung zwischen ausländischer und schweizerischer Bevölkerung ist auch auf dem Arbeitsmarkt zu beobachten. In den 1960er Jahren, als es fast keine Arbeitslosigkeit gab, übten die Ausländer in der Schweiz Tätigkeiten aus, die sich stark von jenen der Einheimischen unterschieden, und zwar im Hinblick auf die hierarchischen Positionen wie auch auf die Art der Arbeit selbst. Starke Ausländeranteile waren in der Hauswirtschaft, im Baugewerbe, im Gastgewerbe und in der Industrie zu verzeichnen. Sehr schwach vertreten waren die Ausländer hingegen im Bereich Verkehr und Nachrichtenübermittlung, im Kredit- und Versicherungsgewerbe, in der Land- und Forstwirtschaft, im Unterrichtswesen und in der öffentlichen Verwaltung.

Vierzig Jahre später verteilt sich die erwerbstätige ausländische Bevölkerung deutlich ausgeglichener auf die Schweizer Wirtschaft, auch wenn im Gast- und Baugewerbe, im verarbeitenden Gewerbe und – auf neue Art und Weise – auch im Handel und Reparaturgewerbe Ausländer deutlich stärker vertreten sind.

Bis zu welchem Grad sich die Tätigkeitsprofile unterscheiden, hängt erheblich von der Staatsangehörigkeit ab. So konzentrieren sich die US-Amerikaner stark im hoch qualifizierten (Unterrichtswesen, öffentliche Verwaltung, Kredit- und Versicherungsgewerbe), während die Portugiesen im Gast- und Baugewerbe und die Türken im verarbeitenden Gewerbe stark vertreten sind. Die Tendenz zur Angleichung betrifft aber alle Bevölkerungsgruppen und Nationalitäten. Besonders ausgeprägt ist sie bei der ausländischen Bevölkerung, die in der Schweiz geboren wurde. Der Anteil dieser Gruppe steigt in der Bankbranche, im Kredit- und Versicherungsgewerbe sowie in Beratungsunternehmen und bei den sonstigen Dienstleistungen. In der öffentlichen Verwaltung, im Unterrichtswesen und in der Land- und Forstwirtschaft hingegen dominieren weiterhin die Schweizer.

Verteilung der erwerbstätigen Bevölkerung nach Wirtschaftszweigen, im Jahr 2005

	Schweizer/innen	Ausländer/innen	Schweizer/innen	Ausländer/innen
Land- und Forstwirtschaft	145 000	9 000	4,6 %	1,1 %
Verarbeitendes Gewerbe	476 000	169 000	15,1 %	20,4 %
Baugewerbe	181 000	81 000	5,8 %	9,8 %
Handel; Reparaturgewerbe	441 000	123 000	14,0 %	14,8 %
Gastgewerbe	83 000	64 000	2,6 %	7,7 %
Verkehr und Nachrichtenübermittlung	191 000	35 000	6,1 %	4,2 %
Kredit- und Versicherungsgewerbe	181 000	37 000	5,8 %	4,5 %
Immobilien, Vermietung, Informatik, F & E	358 000	96 000	11,4 %	11,6 %
Öffentliche Verwaltung	199 000	23 000	6,3 %	2,8 %
Unterrichtswesen	270 000	43 000	8,6 %	5,2 %
Gesundheits- und Sozialwesen	388 000	92 000	12,3 %	11,1 %
Sonstige Dienstleistungen; private Haushalte	226 000	56 000	7,2 %	6,8 %
Keine Angabe	5 000	1 000	0,2 %	0,1 %
Total	3 144 000	829 000	100 %	100 %

Quelle: Schätzungen des Bundesamtes für Statistik (SAKE 2005)

Die Kriminalität

Die Kriminalität von Personen mit Migrationshintergrund ist ein Thema, das in den Medien sehr präsent ist, und hat dabei die Tendenz, Ängste und Stereotype heraufzubeschwören. Auf der Grundlage von meist recht vagen Argumenten bringen viele Migranten mit «kulturell» bedingtem, gewalttätigerem Verhalten oder mit Respektlosigkeit gegenüber den Normen und Gewohnheiten der Aufnahmegesellschaft in Verbindung. Andere Kreise hingegen tabuisieren die Kriminalität von Ausländern, ohne Idealisierungstendenzen ganz zu entgehen.

Dieser Zusammenhang erschwert eine objektive Diagnose. Auch ist es wegen der mangelhaften Datenlage und wegen der technischen Schwierigkeiten einer solchen Analyse problematisch, eine Synthese zu erstellen. Einige Feststellungen lassen sich dennoch treffen:

Erstens muss man feststellen, dass in der Schweiz eine Verbindung zwischen Staatsangehörigkeit und Kriminalität existiert. So sind die Ausländer, gemessen an ihrem Anteil an der Gesamtbevölkerung, unter den Verhafteten deutlich übervertreten (55,3 % im Jahr 2003, gemäss Kriminalstatistik der Polizei), dasselbe gilt für die verurteilten Personen (48,9 % gemäss Bundesamt für Statistik). Zu einem grossen Teil ist diese Übervertretung auf zwei Ursachen zurückzuführen:

- auf die Anziehungskraft der Schweiz für Personen, die im Ausland leben und kriminellen Aktivitäten nachgehen («Kriminaltourismus», «Grenzüberschreitende Kriminalität») – ohne Verbindung zur Immigration.
- darauf, dass es Delikte gibt, die per Definition nur von Ausländern begangen werden können (z. B. Verstösse gegen das Gesetz über Aufenthalt und Niederlassung der Ausländer).

Berücksichtigt man diese Faktoren, so schwächt sich der Unterschied zwischen Schweizern und ausländischen Staatsbürgern ab. Zwei Probleme bleiben aber bestehen: zum einen die Kriminalität im Asylbereich und zum anderen die Tatsache, dass eine kleine Minderheit von

Ausländern, denen die Integration in der Schweiz Schwierigkeiten bereitet, nach einer gewissen Aufenthaltsdauer offenbar dazu neigt, strafbaren Aktivitäten nachzugehen.

Die Delinquenz von Asylbewerbern
Die Kriminalität der Asylbewerber hat im Laufe der letzten Jahre im Vergleich zu jener der Schweizer Bevölkerung zugenommen (1998 wurden 4 % dieser Bevölkerungsgruppe verurteilt [2289 Personen] gegenüber 0,3 % [15 576 Personen] bei der schweizerischen Bevölkerung). Dabei sind Verstösse gegen das Strassenverkehrsgesetz, das Ausländerrecht und das Militärstrafgesetz nicht mitgerechnet.

Diese Situation scheint zwei miteinander verbundene Phänomene zu widerspiegeln: zum einen, dass Asylgesuche dazu benutzt werden, in der Schweiz das Aufenthaltsrecht zu erhalten und kriminelle Ziele verfolgen zu können. Zum anderen die potentielle Attraktivität krimineller Aktivitäten für jene Gruppen von Asylbewerbern, die keine Chance auf Asyl haben. Berücksichtigt man, dass die Lebensbedingungen in den Herkunftsländern schlecht sind und dass es in der Schweiz an Perspektiven mangelt, so wird einsichtig, dass diese Asylbewerber – die oft voller Hoffnung und ohne kriminelle Absichten eingereist sind – schliesslich «nichts zu verlieren» haben, wenn sich die Gelegenheit zu schnellem Gewinn bietet. Zu denken ist hier vor allem an Menschen aus afrikanischen Staaten mit endemischen Gewaltsituationen. Diese Personengruppe ist im Drogenhandel stark vertreten.

Bedenkliche Entwicklung im Zusammenhang mit Integrationsschwierigkeiten
Die Behörden von Bund und Kantonen haben sich in zwei neueren gemeinsamen Berichten mit der Tatsache befasst, dass es bei einem – wenn auch sehr geringen – Teil der ausländischen Wohnbevölkerung in der Schweiz eine Form von Delinquenz gibt, die mit Integrationsschwierigkeiten in Zusammenhang steht (AGAK 2001, IMES et al. 2004). Tatsächlich ist es so, dass männliche Ausländer im Alter zwischen 18 und 29, die seit mehr als 5 Jahren in der Schweiz leben oder

gar aus der zweiten Generation stammen, bei den strafrechtlich Verurteilten übervertreten sind. Diese Erkenntnis müsste durch wissenschaftliche Untersuchungen weiter vertieft werden. Nach den Autoren des Berichtes zeichnet sich darin eine bedenkliche Entwicklung ab: Es «besteht auch die Möglichkeit, dass Eingewanderte anfänglich und mit noch unsicherem Aufenthaltsstatus soziale Nachteile und Fremdheit eher akzeptieren; mit zunehmendem Aufenthalt können sich Erwartungen, wie sie bei Einheimischen verbreitet sind, entwickeln; Nichterfüllung dieser Ansprüche kann als Ausgrenzung empfunden werden» (AGAK, 2001, S.32). Dies deutet auf gewisse, für einzelne Gruppen typische Integrationsschwierigkeiten hin, auf die wir später noch zu reden kommen.

Obwohl die beiden genannten Probleme im Zusammenhang mit der Kriminalität existieren und untersucht werden sollten, lässt diese knappe Analyse doch darauf schliessen, dass die Bedeutung des Phänomens für die Immigration marginal ist. Vor allen Dingen muss betont werden, dass es sich bei manchen Argumenten in diesem Bereich um realitätsferne Phantasmen handelt. Dazu gehören etwa die Behauptung einer kulturell bedingten, für manche nationalen oder ethnischen Gruppen typischen Gewaltbereitschaft oder die Annahme einer kulturellen Neigung zu Gesetzesübertretungen. Wenn sich bei den Ausländern in der Schweiz ein Kriminalitätsproblem zeigt, so liegen die Gründe dafür in erster Linie bei der Durchlässigkeit der Grenzen, was keinen direkten Bezug zur Immigration hat. In zweiter Linie ist das Phänomen entweder im klar identifizierbaren Kontext mancher Asylbewerbergruppen zu verorten, oder es steht in Zusammenhang mit spezifischen, bei einer Minderheit bestehenden Integrationsschwierigkeiten.

Eine positive Gesamtbilanz, die nuanciert werden muss

Daraus lässt sich schliessen, dass die Schweiz während der letzten fünfzig Jahre nicht nur, wie in der Einleitung erwähnt, ein Einwanderungsland, sondern auch ein Integrationsland war. Über dieser allgemeinen

Feststellung soll aber nicht vergessen werden, dass die Integration bereits in den 1960er und 1970er Jahren phasenweise schwierig verlief. Nicht verschleiert werden soll auch die Tatsache, dass diese *success story* aus heutiger Sicht in manchen Punkten zu relativieren ist. Dazu gehören neue Ungewissheiten beim Aufenthaltsstatus und für manche Gruppen bestimmte Schwierigkeiten im Bildungs- und Arbeitsmarktbereich. Schliesslich ist da die Tatsache, dass die schweizerische Gesellschaft sich gegenüber den Migranten und ihren Nachkommen bei weitem nicht immer so gastfreundlich zeigt, wie sie eigentlich könnte.

Neue Formen der Ungewissheit in Zusammenhang mit der weltweiten Zunahme der Mobilität
Die angesprochene Grundtendenz zur Stabilisierung der ausländischen Bevölkerung soll den Blick dafür nicht versperren, dass es auch eine gegenläufige, neuere Entwicklung gibt, und zwar in Richtung einer Zunahme der Bewilligungen für einen Kurzaufenthalt unter oft prekären Bedingungen. Diese neue «Migrationsbewegung» betrifft Studierende ebenso wie qualifiziertes Personal multinationaler Unternehmen, Wissenschaftler oder Künstler. Diese Migrationsbewegung hat ihren Ursprung im allgemeinen, weltweiten Anstieg der Mobilität und ist damit eine Facette der Globalisierung. So ist die Zahl der Personen mit einer Kurzaufenthaltsbewilligung – ohne den Asylbereich – von rund 20 000 Ende 1997 auf fast 60 000 Ende 2004 gestiegen. Im Verlauf desselben Jahres wurden aber insgesamt 122 545 derartige Bewilligungen ausgestellt. Daraus wird ersichtlich, mit welcher Geschwindigkeit die Migranten dieser Kategorie zirkulieren. Das Asylphänomen, das in den genannten Zahlen nicht inbegriffen ist, folgt derselben Logik einer zunehmenden Unsicherheit des Aufenthaltes.

An sich braucht man die Zunahme der Mobilität nicht a priori für ein Integrationshindernis zu halten, das zur Marginalisierung gewisser Gruppen führen müsste. Gleichzeitig ist die Stabilität des Aufenthaltes ebenso wie die Möglichkeit, vorauszuplanen und langfristige Projekte zu verfolgen, zweifellos ein Aspekt der Integration. Die Erfahrungen der Saisonniers der 1960er Jahre bestätigen das. Auf dieser Grundlage werfen die im Entstehen begriffenen, neuen Formen der Instabilität gewisse Fragen auf, die von der Migrationsforschung bisher nicht beantwortet wurden.

Geringe Integration von Personen in internationalen Kaderpositionen?
Im Fall der qualifizierten internationalen Führungskräfte wäre nach einem allfälligen Mangel an lokalen Bezügen zu fragen oder nach ihrer Entscheidung, die Kinder in englischsprachige Schulen zu schicken. Kann diese Tendenz zu einer sozialen Fragmentierung und zur Segregation einer «Eliteklasse» führen? Ob solche Befürchtungen berechtigt sind, ist noch nicht erwiesen. In anderen Fällen hingegen steht eindeutig fest, dass manche Gruppen mit Kurzaufenthaltsbewilligungen sich in Bezug auf den Gesellschaftsvertrag oder den Arbeitsmarkt in einer Randsituation befinden; in einer Lage, welche der vor dreissig Jahren so umstrittenen Situation der Saisonniers gleicht. Diese Tatsache bringt gewisse Schwachstellen im bisher beschriebenen schweizerischen Integrationsmodell ans Licht. Zwei Beispiele sind in dieser Hinsicht besonders frappierend: jenes der vorläufig aufgenommenen Asylbewerber sowie – eine schweizerische Besonderheit – das Beispiel der Cabaret-Tänzerinnen.

Die schwierige Lage der – auf Jahre hinaus – vorläufig aufgenommenen Personen
Mit der Bewilligung F verfügen die rund 23 000 im Asybereich vorläufig aufgenommenen Personen über ein provisorisches Aufenthaltsrecht, das regelmässig von den Behörden überprüft wird. Nun hat aber eine neuere Untersuchung des Schweizerischen Forums für Migrationsstudien ergeben, dass 60 % der vorläufig Aufgenommenen trotz ihrer prekären Aufenthaltsbedingungen schon seit mehr als 5 Jahren in der Schweiz leben, 21 % leben sogar seit mehr als 10 Jahren in der Schweiz (Kamm et al. 2003)! Dabei handelt es sich vorwiegend um Bürger aus Ex-Jugoslawien (ca. 37 %), Sri Lanka (27 %) und Somalia (13 %). Diese Gruppen haben grosse Schwierigkeiten, sich auf dem Arbeitsmarkt zu integrieren. Ein Drittel der Männer und zwei Drittel der Frauen bleiben arbeitslos, und ihre Kinder schaffen es selten zu einer nachob-

ligatorischen Schulbildung oder einer Berufslehre: eine beunruhigende Situation, wenn man bedenkt, dass 45 % der vorläufig Aufgenommenen unter 20-jährig sind.

Diese Schwierigkeiten haben ihren Grund unter anderem in den zahlreichen, gezielt errichteten Barrieren, die man der Integration dieser Personen eben darum entgegenstellt, weil ihr Aufenthalt als provisorisch betrachtet wird: fehlendes Recht auf Familienzusammenführung, beschränkter Zugang zum Arbeitsmarkt (Vorrang der Schweizer Bürger und der niedergelassenen Ausländer), Zugangsbeschränkungen bei der nachobligatorischen Bildung, fehlendes Recht zur Teilnahme an Integrationsmassnahmen, Beschränkung der interkantonalen Mobilität. Diese Lage ist paradox, denn es sind gerade diese Kriterien – soziale Integration, finanzielle Unabhängigkeit, Ausübung einer Erwerbstätigkeit –, die einer vorläufig aufgenommenen Person die Möglichkeit geben würden, ihren Aufenthaltsstatus durch den Erwerb einer Bewilligung B im Wohnkanton zu stabilisieren!

Dieser Widerspruch im Integrationsmodell wird sich teilweise in einem positiven Sinne auflösen, weil man im Rahmen des künftigen Ausländergesetzes (AuG) die Bedingungen, unter denen vorläufig aufgenommene Personen Zugang zum Arbeitsmarkt bekommen sollen (Art. 85 Abs. 6), verbessern und ihnen möglicherweise die Bewilligung B schon nach fünf Aufenthaltsjahren erteilen will. Unter dem Gesichtspunkt der Integration ist allerdings zu bedauern, dass der bundesrätliche Vorschlag eines stabilen Status der humanitären Aufnahme, die nach Einreise in die Schweiz gewährt würde, vom Parlament bei der Beratung des Asylgesetzes (AsylG) im Dezember 2005 verworfen wurde.

Die Cabaret-Tänzerinnen

Die Cabaret-Tänzerinnen sind eine weitere Gruppe, deren Lebensbedingungen in der Schweiz vom Ideal der Integration weit entfernt sind. Diese jungen Frauen – die meisten zwischen 20 und 30 Jahre alt – stammen hauptsächlich aus der Ukraine, aus Russland, der Dominikanischen Republik, Rumänien und Brasilien. Ihnen wird eine der wenigen, für Staatsangehörige aus Nicht-EU-Ländern vorgesehenen

Bewilligungen abgegeben. Jährlich werden rund 6000 solcher Bewilligungen ausgestellt. Eine derartige Bewilligung berechtigt zu einem Aufenthalt von maximal 8 Monaten pro Jahr, erlaubt aber weder die Familienzusammenführung noch einen Tätigkeitswechsel. Eine Tänzerin darf nicht einmal in dem Lokal, in dem sie bereits angestellt ist, als Serviererin arbeiten. Und wenn sie mehr als einen Monat ohne Anstellung bleibt, ist sie verpflichtet, die Schweiz zu verlassen. Diese Arbeitskräfte können einzig von den 400 Nachtclublokalen der Schweiz beschäftigt werden. Die Art der Leistungen, die von den Tänzerinnen verlangt werden (gemäss Gesetz nur Nachtarbeit und Striptease, tatsächlich gehört aber oft auch hoher Alkoholkonsum mit den Kunden dazu) sowie die Tatsache, dass der Einsatz pro Lokal selten länger als einen Monat dauert – was häufige Umzüge innerhalb der Schweiz verlangt –, führen zu besonders prekären Lebensbedingungen.

Es ist eher unwahrscheinlich, dass sich der Status der Nachtclub-Tänzerinnen in Zukunft wesentlich verändern wird. Am 1. Januar 2004 traten einige Verbesserungen bei der Ferienregelung und bei den Zuschlägen für Nachtarbeit in Kraft. Weiter will das Parlament aber nicht gehen, wie es mehrfach bewiesen hat.

Tatsächlich würde man, wenn das Recht auf einen Wechsel der Tätigkeit gewährt würde, einer niedrig qualifizierten aussereuropäischen Immigration die Türen öffnen. Auch würde die Abschaffung dieses Statuts – wie in manchen Kantonen geschehen – die Tänzerinnen in die Illegalität zwingen. Die Situation der Cabaret-Tänzerinnen ist deutlich besser als jene der Ausländerinnen, die ohne Bewilligung in den verborgeneren Bereichen des Sexgewerbes arbeiten. Nach Angaben von Organisationen, die sich für die Tänzerinnen einsetzen, könnten aber auch hier zahlreiche Rechtsmissbräuche konsequenter bekämpft werden. Zu bedauern ist ausserdem, dass die Kantone offenbar nicht in der Lage sind, für die Einhaltung der gesetzlich vorgeschriebenen Minimalbedingungen zu sorgen.

Die spezifischen Schwierigkeiten bestimmter Gruppen. Zum Beispiel: Personen aus Ex-Jugoslawien, Portugal und der Türkei

Obwohl ihr Aufenthaltsstatus relativ stabil ist, verläuft bei manchen Herkunftsgruppen die Integration weniger reibungslos als dies, wie eben dargestellt, im Allgemeinen der Fall ist. Dies gilt unter den zahlenmässig grössten Gruppen besonders für die Portugiesen, die Türken und die Staatsangehörigen der Föderativen Republik Jugoslawien (FRJ).

Ein Integrationsdefizit wird bei diesen Gruppen in den Bereichen Bildung und Wirtschaft sichtbar. Dies ist umso beunruhigender, als es sich um jüngere Personen handelt. Bei der zweiten Ausländergeneration (in der Schweiz Geborene) beträgt gemäss Volkszählung 2000 der Anteil der Personen, die bestenfalls die obligatorischen Schulen besucht und keine weitergehende Qualifikation erworben haben, bei den Portugiesen 78 %, bei Staatsangehörigen der FRJ 75 % und bei den Türken 70 %. Bei den Italienern beträgt dieser Anteil 20 %, bei den Spaniern sind es 34 %. Diese Nachkommen einer wenig qualifizierten Migrantengeneration sind für den Arbeitsmarkt schlecht gerüstet und laufen eher Gefahr, marginalisiert zu werden.

Die Arbeitslosenquote beträgt bei den Schweizer Bürgern 2,8 %, bei den Portugiesen 4,4 %, bei den Bürgern aus der FRJ 12,6 % und bei den Türken gar 14,9 %. In diesen Gruppen ist also auch das Phänomen zunehmend homogener wirtschaftlicher Aktivität, das bei der ausländischen Bevölkerung insgesamt festzustellen ist, weniger ausgeprägt. Wie ihre Elterngeneration ist auch die zweite Generation in bestimmten ökonomischen Bereichen übervertreten: die Türken in der Industrie, die Portugiesen im Handel, in der Baubranche und im Gesundheitswesen, die Staatsangehörigen der FRJ in der Industrie und der Baubranche.

Auch auf geographischer Ebene konzentrieren sich die drei genannten Herkunftsgruppen stärker auf einzelne Quartiere. Dabei handelt es sich um ein Phänomen mit nur bescheidener Ausprägung. Dennoch ist es zweifellos so, dass die Forschung sich bisher zu wenig mit der Frage einer möglichen Segregation in einzelnen Wohnhäusern oder Häusergruppen befasst hat.

Diese Befunde verdüstern das bisher gezeichnete Gesamtbild vielleicht ein wenig. Es ist aber auch daran zu erinnern, dass diese drei Bevölkerungsgruppen aus Migrationsströmen hervorgegangen sind, die noch nicht sehr weit zurückliegen. Es ist deshalb schwierig zu beurteilen, ob die schwache schulische und ökonomische Integration der zweiten Generation nur ein Zwischenstadium ist oder ob sie ihren Grund in dauerhaften Schranken hat. Allerdings hat die Schweiz auch nicht alle Einwanderergruppen mit dem gleichen Wohlwollen aufgenommen.

Eine bisweilen wenig gastfreundliche schweizerische Gesellschaft
Integration ist nicht allein Sache der Immigranten. Die Aufnahmegesellschaft ist ebenso gefordert wie die Neuankömmlinge. Wie internationale Vergleiche zeigen, ist die Schweiz in dieser Hinsicht aber weit davon entfernt, ideale Rahmenbedingungen zu bieten. Grund dafür ist die restriktive Gesetzgebung im Bereich der Stabilität der Aufenthalte und bei den Einbürgerungen (Cinar/Hofinger/Waldrauch 1995). Manche Aspekte der schweizerischen Schliessungsmechanismen wurden bereits erwähnt. Im Folgenden stehen drei wichtige Schranken im Zentrum, die die Möglichkeiten zur Kontaktnahme mit der Aufnahmegesellschaft beeinflussen: Fremdenfeindlichkeit, Diskriminierung und der erschwerte Zugang zu den politischen Rechten.

Der bisherige Rundgang durch die Geschichte hat gezeigt, dass die ablehnende Haltung gegenüber Ausländern sich nie unmittelbar und in kausaler Form auf eine Volksabstimmung ausgewirkt hat. Trotzdem bleibt die Feindseligkeit eines Teils der Schweizer Bevölkerung gegenüber Ausländern beunruhigend. Die Ergebnisse einer UNIVOX-Umfrage aus dem Jahr 2002 zeigen, dass es auch hier Unterschiede bezüglich der Herkunftsländer gibt. So ist festzustellen, dass die von der Schweizer Bevölkerung am negativsten beurteilten Gruppen jene sind, die eben als Gruppen mit Integrationsschwierigkeiten identifiziert wurden. Davon ausgenommen sind die Portugiesen.

Geäusserte Meinung über die Personengruppen bestimmter Nationalität

	(in der Schweiz) fehl am Platz	Geben zu Bedenken Anlass	Kein Problem	Eine Bereicherung
Albanien	34	41	13	2
Serbien	25	47	17	2
Bosnien	25	46	17	2
Türkei	15	46	25	6
Portugal	1	7	61	21
Italien	0	3	58	34

Quelle: UNIVOX-Umfrage 2002 (Raymann 2003) – «Weiss nicht»: Albanien, Bosnien und Portugal 10 %, Serbien 9 %, Türkei 8 %, Italien 5 %

Eine neuere Studie, die in Zusammenarbeit mit dem Schweizerischen Forum für Migrationsstudien durchgeführt wurde, zeigt, dass Gefühle der Ablehnung gegenüber gewissen Bevölkerungsgruppen kurzfristig sehr konkrete Folgen haben, weil sie beispielsweise die Arbeitgeber dazu veranlassen können, Bewerber aus manchen Herkunftsländern von vornherein auszuschliessen. Im Jahr 2002 wurde ein Experiment durchgeführt, bei dem die Forschenden auf einzelne Stellenausschreibungen jeweils zwei Bewerbungen einsandten, die bis auf die Nationalität der Kandidaten identisch waren. Bei 100 Einladungen zum Vorstellungsgespräch für den Schweizer Kandidaten gab es für den türkischen Kandidaten – dessen Profil vollkommen identisch war – 30 Ablehnungen; beim Kosovo-Albaner waren es gar 39 negative Antworten (Fibbi et al. 2003)!

Wie das Beispiel zeigt, besteht die Gefahr, dass man einen Teufelskreis in Gang setzt aus fremdenfeindlichen Stereotypen, schlechter Integration, Ausschlussmechanismen und arbeitsmarktlichen Schwierigkeiten, die wiederum die Stereotype verstärken. Demgegenüber ist anzumerken, dass der Arbeitsmarkt der 1960er Jahre, als die Nachfrage nach ausländischen Arbeitskräften sehr viel grösser war, kein solches Phänomen hat entstehen lassen. So liessen sich auch heftigere fremdenfeindliche Regungen gegenüber den Italienern vollständig auflösen.

Ausländerstimmrecht und Einbürgerung

Ein dritter Aspekt der relativ geringen Offenheit der Schweiz ist wohl bekannt. Es sind dies die bestehenden Hürden beim Erwerb der Staatsbürgerschaft, die den Immigranten und ihren Nachkommen in der Aufnahmegesellschaft die volle Partizipation ermöglicht. Da nur einige wenige Kantone (Jura und Neuenburg) und Gemeinden den Ausländern das Stimmrecht gewähren, und auch dies nur innerhalb bestimmter geographischer Grenzen, ist die Einbürgerung der einzige Weg, um die politischen Rechte zu erwerben.

Die Einbürgerungsquoten in der Schweiz waren über lange Zeit auffallend tief, was auf die strengen Kriterien und die restriktive lokale Praxis zurückzuführen war. Ob sich Kandidaten zur Einbürgerung eignen, wird daran gemessen, wie gut sie sich in der schweizerischen Gesellschaft integrieren, ob sie Gesetze, Bräuche und Lebensweisen annehmen und die innere und äussere Sicherheit des Landes respektieren: eine Reihe vager Kriterien, deren Beurteilung man den Wohngemeinden überlässt. Zudem wird mit einigen Ausnahmen überall eine zwölfjährige Aufenthaltsdauer in der Schweiz verlangt. Das Recht auf die Staatsbürgerschaft ist weder über die Heirat mit einem Schweizer Bürger bzw. einer Bürgerin noch über die Geburt auf Schweizer Boden zu erwerben.

Dass die Einbürgerungen seit kurzem stärker zunehmen (vgl. Graphik gegenüber), liegt zum Teil daran, dass sich manche Kantone oder Gemeinden mehr öffnen. Andernorts wird hingegen die restriktive Praxis beibehalten. In manchen Gemeinden führt die Einbürgerungsprozedur via Volksabstimmung zur Selektion gewisser Nationalitäten und zu Fällen offenkundiger Diskriminierung. Die aktuelle Zunahme der Einbürgerungen hat ihren Grund vor allem darin, dass eine steigende Zahl von Personen die Einbürgerungsbestimmungen erfüllt. So gibt es zum Beispiel immer mehr Ausländer, die seit langem in der Schweiz leben.

Ein Bundesgerichtsentscheid vom 9. Juli 2003 verlangt, dass für negative Einbürgerungsentscheide eine Begründung vorgelegt und das Beschwerderecht eingeräumt werde. Damit soll ein Beitrag zur Harmonisierung der Einbürgerungspraxis geleistet und eventuell auch eine gewisse Öffnung erzielt werden. Der Entscheid führt in nationalistischen Kreisen zu heftigen Protesten, und die SVP lanciert eine Initiative, um in der Bundesverfassung ein Recht auf absolute Volkssouveränität in Einbürgerungsfragen zu verankern.

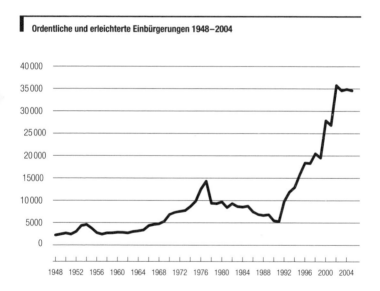

Ordentliche und erleichterte Einbürgerungen 1948–2004

Quelle: Bundesamt für Migration

Am 26. September 2004 verwirft das Schweizer Volk zwei Vorlagen: Die eine verlangte die erleichterte Einbürgerung für junge Ausländer, die in der Schweiz die Schulen besucht haben; die andere forderte die automatische Einbürgerung der Kinder dieser Ausländergruppe.

Mit dieser dritten Abfuhr – nach 1983 und 1994 – besteht die Gefahr, auf lange Sicht eine Situation einzufrieren, die für die Integration von Migrantennachkommen in der Gesellschaft, in der sie aufgewachsen sind, ungünstig ist. Dieses Ereignis verdeutlicht auch, bis zu welchem Grad die gegensätzlichen Logiken im Bereich der Einwanderung aufeinander prallen: nationalstaatliche Abschottung auf der einen, Prinzipien von Gleichheit und Gerechtigkeit auf der anderen Seite. Diese Fragen werden im abschliessenden Kapitel noch einmal zur Diskussion stehen.

Ein Erfolg und eine bedenkliche Entwicklungstendenz

Als Fazit dieses Kapitels über die Integration hat sich ein recht positives Bild ergeben. Und der Eindruck trügt nicht: Stellt man den Umfang der betroffenen Migrationsströme in Rechnung, so hat die Schweiz den grössten Teil der Einwanderer schliesslich ohne viel Aufhebens integriert und sich dabei selbst gewandelt. Damit dieser Prozess weitergehen kann, müssen aber die bedenklicheren Aspekte der heutigen Entwicklung mitberücksichtigt werden: die neuerliche Zunahme von instabilen oder nur kurzzeitig gültigen Aufenthaltsregelungen, die spezifischen Schwierigkeiten mancher Gruppen, das zuweilen wenig entgegenkommende Verhalten der schweizerischen Gesellschaft. Auch sollte man nicht vergessen, in welchem Ausmass sich das wirtschaftliche Umfeld, auf das die Migranten trafen, seit den 1960er Jahren gewandelt hat. Darin und nicht in einer angeblich wachsenden kulturellen Distanz liegen die wichtigsten Ursachen mancher Schwierigkeiten, die sich bei der Integration zurzeit zeigen.

13

Die Schweiz, Europa, und der Rest der Welt ...

Die Eingangskapitel dieses Buches waren der Entstehung und Entwicklung der schweizerischen Einwanderungspolitik vom Ende des Zweiten Weltkriegs bis in die 2000er Jahre hinein gewidmet. In Kapitel 8 wurden zwei Hauptfaktoren dieses Wandels diskutiert: die Veränderung der Bedürfnisse der Wirtschaft und der internationale Kontext. Im Zentrum des folgenden Kapitels steht die neue Situation, die sich daraus ergibt und die für die Zukunft massgeblich sein wird, nachdem im Juni 2002 die bilateralen Abkommen mit der Europäischen Union in Kraft getreten sind und das Parlament dem neuen Bundesgesetz über die Ausländerinnen und Ausländer (AuG) zugestimmt hat. Das AuG beschränkt die Einwanderung aus dem Rest der Welt grundsätzlich auf hoch qualifizierte Personen.

Wir beginnen mit einigen Bemerkungen über die Migration in der EU und befassen uns dann ausführlicher mit dem Einwanderungssystem, wie es in den bilateralen Abkommen mit der Schweiz vorgesehen ist. Abschliessend wird es um die Frage gehen, welche Folgen die am ersten Mai 2004 erfolgte EU-Erweiterung um 10 neue Länder für die Migration haben wird.

Migration in der Europäischen Union. Das Schengen-System

Die Harmonisierung der Migrationspolitik gehört entschieden nicht zu den am weitesten fortgeschrittenen Projekten der europäischen Integration. Zwar hat der Amsterdamer Vertrag von 1997 die Asyl- und Einwanderungspolitik ausdrücklich aus Bereichen «erwünschter Kooperation» in Bereiche «politischer Integration» verwandelt. Was Staatsbürger aus Nicht-EU-Ländern betrifft, ist aber einzig der Asylbereich Gegenstand einer gewissen Kooperation. Die Arbeitsmigration bleibt weiterhin Sache der einzelnen Mitgliedstaaten.

Hingegen hat sich die Politik der EU-Länder gegenüber den Staatsangehörigen anderer Mitgliedstaaten radikal gewandelt, seit die Einheitliche Europäische Akte 1986 in Kraft trat. Nach dieser Akte erhalten Staatsangehörige aus der EU das volle Niederlassungs- und Arbeitsrecht in allen Mitgliedstaaten. Die Schengen-Abkommen, denen auch die beiden Nicht-EU-Mitglieder Norwegen und Island und 2005 auch die Schweiz beigetreten sind, schaffen ausserdem (mit einigen Ausnahmen) alle Grenzkontrollen ab; sie führen ein gemeinsames Visum für den Zugang zur EU ein und verstärken als Gegenleistung die Zusammenarbeit im Bereich der inneren Sicherheit, indem sie ein zentralisiertes elektronisches Informationssystem einrichten, das Schengener Informationssystem (SIS).

Ein wichtiger Wendepunkt: Der freie Personenverkehr

Die Rechte der EU-Bürger in der Schweiz

Durch das Inkrafttreten der bilateralen Abkommen mit der EU tritt die Schweiz – nach fast zehnjährigen harten Verhandlungen – dem europäischen Freizügigkeitsraum bei, ohne vorerst so weit zu gehen, dass die Grenzkontrollen abgeschafft würden.

Im Abkommen über den freien Personenverkehr wird eine fast uneingeschränkte Freizügigkeit vereinbart: Erwerbstätige Personen haben das Recht, in die Schweiz einzureisen und jede beliebige Stelle anzutreten oder eine selbständige Tätigkeit auszuüben. Nicht erwerbstätige

Personen (Pensionierte, Studierende usw.) sind zugelassen, sofern sie über die finanziellen Mittel verfügen, um ihren Lebensunterhalt zu bestreiten. Und für sie alle gilt das Recht, innerhalb des Landes ihre Stelle, ihren Wohn- und Arbeitsort zu wechseln sowie den Ehepartner bzw. die Ehepartnerin, ihre unter 21-jährigen Kinder und unter bestimmten Bedingungen auch Verwandte in aufsteigender Linie in die Schweiz zu holen.

Mit Ausnahme der politischen Rechte erhalten die europäischen Immigranten durch diese bilateralen Abkommen also praktisch dieselben Rechte wie die Schweizer Bürger. Dabei gibt es eine wesentliche Ausnahme: Personen, die nie in der Schweiz erwerbstätig waren, können sich nicht in der Schweiz niederlassen und Sozialleistungen oder Leistungen der Arbeitslosenversicherung beziehen. Die bilateralen Abkommen beruhen auf Gegenseitigkeit, d.h., die Regelungen gelten in gleicher Weise für Schweizer Bürger, die sich in einem EU-Land niederlassen wollen. Ausserdem wurde das Abkommen auch auf die EFTA-Länder ausgedehnt, die nicht Mitglieder der EU sind (Island, Liechtenstein und Norwegen).

Dieses Abkommen stellt einen wichtigen Wendepunkt in der schweizerischen Einwanderungspolitik dar. Bis anhin genossen die schon im Lande ansässigen Arbeitskräfte auf dem Arbeitsmarkt Vorrang, und die Arbeits- und Lohnbedingungen der Immigranten wurden systematisch kontrolliert. Mit dem freien Personenverkehr ist das nicht mehr der Fall.

Um einen allzu brutalen Schock zu vermeiden und die Schweizer Bürger für die Ratifizierung des Abkommens zu gewinnen, wurde eine progressive Inkraftsetzung beschlossen. Während der ersten Jahre, das heisst vom 1. Juni 2002 bis am 31. Mai 2004, blieben der Vorrang der ansässigen Arbeitskräfte und die Kontrolle der Lohn- und Arbeitsbedingungen bestehen, ebenso die Einwanderungsquoten für Erwerbstätige. Bei den erstmaligen Aufenthaltsbewilligungen betrug die Quote jährlich 15 000 und bei den Kurzaufenthaltsbewilligungen 115 500. Bis ins Jahr 2007 hat die Schweiz die Möglichkeit, maximale Einwanderungsquoten festzulegen. Anschliessend dürfen solche Quoten in Fällen exzessiver und unvorhergesehener Immigration bis 2014 erneut eingeführt werden. Nach diesen 12 Jahren, also am 1. Juni 2014, hat die Schweiz kein Recht mehr, die Einwanderung aus der EU zu begrenzen, es sei denn im Fall schwerwiegender ökonomischer oder sozialer Probleme, aber auch dann nur mit Zustimmung der EU.

Eine Bilanz ist erst in Ansätzen möglich
Da die bilateralen Abkommen erst seit kurzer Zeit in Kraft sind und nur schrittweise umgesetzt werden, ist es derzeit noch schwierig, eine Bilanz der Einwanderung aus EU-Staaten zu ziehen. Bei insgesamt 154 950 Einwanderungen mit einer Aufenthaltsbewilligung von mehr als einem Jahr Dauer aus der EU-15/EFTA kann man für den Zeitraum von 1. Januar 2002 bis 31. Dezember 2004 einen stetig wachsenden Einwanderungsstrom feststellen (SECO 2005). Die jährlichen Kontingente der Aufenthaltsbewilligungen wurden überschritten, und die Zahlen liegen um rund 30 % höher als die durchschnittliche Einwanderung der 5 vorangegangenen Jahre (1997–2001). Die grössten Gruppen der in die Schweiz Eingewanderten sind die Deutschen (+44 %) und die Portugiesen (+130 %) mit einem Anteil von etwa einem Drittel bzw. einem Viertel der insgesamt Eingewanderten aus der EU-15/EFTA. Die Deutschen sind vor allem in hoch qualifizierten Tätigkeiten anzutreffen (Management, Gesundheit, Wissenschaften), die Portugiesen eher in unqualifizierten Arbeiten (Gastgewerbe, Baugewerbe). Spürbar angestiegen ist auch die Zahl der Grenzgänger, nämlich von 162 000 im Juni 2002 auf rund 178 000 im Juni 2005, hauptsächlich in den Kantonen Tessin (+ 3500) und Genf (+ 10500).

Der Eindruck, die Zuwanderung europäischer Arbeitskräfte sei höher als vorausgesagt, ist aber zu relativieren: Zahlreiche Personen, die bereits vorher mit dem einen oder anderen Aufenthaltsstatus in der Schweiz weilten, sowie zahlreiche Grenzgänger, haben die neue Regelung genutzt, um ihre Situation zu stabilisieren oder auch zu legalisieren. Das heisst also, dass nicht alle bisher ausgestellten Bewilligungen auf eine Immigration im engeren Sinn zurückzuführen sind. Im Übrigen bleibt die europäische Zuwanderung der letzten Jahre trotz Personenfreizügigkeit tiefer als jene zu Beginn der 1990er Jahre.

Anzumerken ist weiter, dass die im Rahmen der bilateralen Verträge definierten jährlichen Kontingente für Kurzaufenthalter (Aufenthalte von weniger als einem Jahr) bei weitem nicht ausgeschöpft wurden. Diese Kontingente waren allerdings relativ grosszügig bemessen.

Welchen Einfluss der freie Personenverkehr tatsächlich hat, wird sich erst in einigen Jahren beurteilen lassen.

Das neue Gesetz über die Immigration aus dem Rest der Welt

Die bilateralen Verträge werden in Zukunft die meisten Aspekte der Einwanderung von EU- und EFTA-Bürgern regeln. Das allgemeine Ausländerrecht wird nur ergänzend zur Anwendung kommen. Somit wird das neue Bundesgesetz über die Ausländerinnen und Ausländer (AuG) im Wesentlichen dazu benötigt, um die Einwanderungsbedingungen für die Bürger aus dem Rest der Welt zu regeln. Mit der Ausarbeitung des neuen AuG wurde 1998 begonnen. Es wird das Gesetz über Aufenthalt und Niederlassung der Ausländer (ANAG) von 1934 ersetzen. Das neue Gesetz wurde im Dezember von den Eidg. Räten angenommen (im Nationalrat mit 166:66, im Ständerat mit 33:8 Stimmen). Es ist dem fakultativen Referendum unterstellt, und wann es in Kraft treten soll, steht noch nicht fest. Der vom Parlament verabschiedete Text vermittelt jedoch bereits eine klare Vorstellung von den Konturen der künftigen Einwanderungspolitik

Während die Zustimmung zur europäischen Personenfreizügigkeit für die Schweiz eine grundlegende paradigmatische Neuerung darstellt, wird das neue, für den Rest der Welt bestimmte Gesetz die Zulassungspraxis, die sich im Verlauf der 1990er Jahre über Verordnungen entwickelt hat, nicht umwälzen.

Das Grundprinzip heisst: Schliessung der Grenzen bei gleichzeitiger Gewährung von Ausnahmeregelungen für hoch qualifizierte Personen (vgl. Tab. S. 154). Letztere können aber erst dann eine Bewilligung erhalten, wenn sich weder ein Schweizer noch ein Daueraufenthalter oder ein Bürger aus dem EU/EFTA-Raum mit ähnlichem Qualifikationsprofil finden lässt. Nach demselben Prinzip wurde bereits 1991 verfahren, als es um die Bürger des damaligen zweiten und dritten Rekrutierungskreises ging.

Im Übrigen unterscheidet der Gesetzesentwurf klar zwischen der Kurzaufenthaltsbewilligung (weniger als ein Jahr), die im Prinzip an bestimmte Projekte gebunden ist, und der dauerhaften Aufenthaltserlaubnis. Jede Form der automatischen Umwandlung einer Bewilligungsform in die andere ist ausgeschlossen. Damit versucht man offenbar zu verhindern, dass die Kurzaufenthaltsbewilligung – ähnlich dem inzwischen abgeschafften Saisonnierstatut – als Sprungbrett für eine dauerhafte Immigration dienen könnte, die nicht den langfristig erwünschten Qualifikationen entspricht.

Das problematische Kriterium der beruflichen Qualifikation
Aufgrund welcher Kriterien das Qualifikationsniveau bestimmt werden soll, ist offensichtlich eine heikle Frage. Das neue Gesetz verzichtet auf die Einführung des von Experten 1997 vorgeschlagenen Punktesystems, das dem Verfahren die grösstmögliche Transparenz verleihen sollte (vgl. S. 77). Stattdessen beschränkt sich das Gesetz auf den folgenden Grundsatz: «Kurzaufenthalts- und Aufenthaltsbewilligungen zur Ausübung einer Erwerbstätigkeit können nur an Führungskräfte, Spezialisten und andere qualifizierte Arbeitskräfte erteilt werden. Bei der Erteilung von Aufenthaltsbewilligungen müssen zusätzlich die berufliche Qualifikation, die berufliche und soziale Anpassungsfähigkeit, die Sprachkenntnisse und das Alter eine nachhaltige Integration in den schweizerischen Arbeitsmarkt und das gesellschaftliche Umfeld erwarten lassen» (Art. 23 Abs. 1 und 2). Diese Kriterien lassen den Behörden einen sehr weiten Ermessensspielraum bei der Entscheidung, ob beispielsweise eine asiatische Köchin, ein rumänischer Stallbursche, ein marokkanischer Zirkusartist, eine kanadische Krankenschwester, ein afrikanischer Fussballer oder eine indische Informatikerin in die Schweiz einreisen dürfen. Der Ermessensspielraum ist umso grösser, als der Gesetzesentwurf selbst schon eine Reihe von Ausnahmen nennt, so vor allem in Art. 23 Abs. 3c: «In Abweichung von den Absätzen 1 und 2 können zugelassen werden: (...) Personen mit besonderen beruflichen

Kenntnissen oder Fähigkeiten, sofern für deren Zulassung ein Bedarf ausgewiesen ist.»

Die Zukunft wird zeigen, ob diese vage Formulierung die Einwanderungspolitik nicht in alte Gewohnheiten zurückwirft: in die Gepflogenheit, den nationalen wirtschaftspolitischen Überlegungen eine komplexe Dosierung aus sektorieller (Förderung der schwächsten Wirtschaftszweige) und regionaler Politik beizumischen, oder sogar punktuell auf den Druck einer Branche zu reagieren, die einen besonders guten Draht zu den Behörden hat. Eine solche Situation könnte sich als stark diskriminierend erweisen. Kleine Branchen könnten gegenüber den grossen benachteiligt sein, da Letztere generell besser informiert sind und ihre Interessen mit mehr Nachdruck vertreten können. Die Diskriminierung könnte aber auch Regionen treffen, die über unterschiedlich gute Möglichkeiten verfügen, Druck auszuüben.

Die parlamentarischen Debatten und auch die Stellungnahmen der Kantone und gewisser Parteien weisen darauf hin, dass es schwierig sein wird, dieser Versuchung zu widerstehen. Das Risiko ist aber gleich wieder zu relativieren, da die Frage sich wahrscheinlich nur in wenigen Fällen überhaupt stellen wird.

Das neue Ausländergesetz regelt im Übrigen auch Zulassungen, die nicht unmittelbar an eine Erwerbstätigkeit gekoppelt sind, darunter insbesondere die Familienzusammenführung. Diese wird verallgemeinert und gilt neu für alle Aufenthaltstypen (mit Ausnahme des Asylbereichs, der über das Asylgesetz geregelt wird) sowie einiger seltener Fälle. So haben alle ausländischen Staatsbürger, die im Besitz einer Kurzaufenthaltsbewilligung (weniger als ein Jahr), einer Jahresaufenthalts- oder Niederlassungsbewilligung sind, die Möglichkeit, ihren Ehepartner bzw. ihre Partnerin und ihre Kinder mitzubringen. Diese Entscheidung macht ein weiteres Mal deutlich, dass die Schweiz sich an internationale Normen anpassen muss. Damit zieht man einen Schlussstrich unter die Epoche der einsamen Saisonniers.

Die vermögenden Rentner

Die Einwanderung steht im Übrigen auch Personen ohne Erwerbstätigkeit offen: «Rentnern» aus aller Welt, sofern sie eine besondere persönliche Bindung zur Schweiz nachweisen können und über ausreichende finanzielle Mittel verfügen, um ihren eigenen Unterhalt zu bestreiten und auch unvorhergesehene, vor allem gesundheitlich bedingte Kosten selbst zu tragen. Für diese Personengruppe wurde ein Mindestalter von 55 Jahren festgelegt.

Ein Integrations- und Kontrollgesetz

Neben der Zulassung von Immigranten regelt das neue Gesetz neu auch Fragen der Integration, die bisher über Verordnungen geregelt waren. Das Gesetz definiert vor allem das grundsätzliche Anliegen der Integration. So heisst es in Artikel 4 AuG: «Ziel der Integration ist das Zusammenleben der einheimischen und ausländischen Wohnbevölkerung auf der Grundlage der Werte der Bundesverfassung und gegenseitiger Achtung und Toleranz. Die Integration soll längerfristig und rechtmässig anwesenden Ausländerinnen und Ausländern ermöglichen, am wirtschaftlichen, sozialen und kulturellen Leben der Gesellschaft teilzuhaben.» Damit entfernt man sich entschieden vom Modell der provisorischen Aufenthalte der 1960er Jahre – es wird aber kein Zweifel daran gelassen, dass Personen mit einem unsicheren Aufenthaltsstatus oder gar ohne Aufenthaltsbewilligung nicht zur Integration in die schweizerische Gesellschaft aufgefordert sind.

Wie gelangen Arbeitsmigrant/innen aus Nicht-EU-/EFTA-Ländern in die Schweiz?

Ausländer/in will in die Schweiz einwandern und hier arbeiten

↓

Findet Stelle bei Firma in der Schweiz (via Inserat oder Vermittlungsstelle)

↓

Arbeitgeber muss bei der kantonalen Arbeitsmarkt- oder Migrationsbehörde um eine Arbeitsbewilligung für die ausländische Arbeitskraft ersuchen.
Voraussetzungen:
– Kandidat/in muss beruflich gut qualifiziert sein
– Arbeitsvertrag muss vorgelegt werden und den orts- und berufsüblichen Lohn- und Arbeitsbedingungen entsprechen
– Für die gleiche Stelle sind weder Schweizer, noch Ausländer in der Schweiz, noch EU-/EFTA-Angehörige zu finden
– Jährliches Kontingent für neue Arbeitsbewilligungen an Nicht-EU-Bürger noch nicht ausgeschöpft

Falls ein Visum zur Aufnahme einer Erwerbstätigkeit in der Schweiz erforderlich ist, muss, ein solches bei der Schweizer Vertretung im Herkunftsland beantragt werden.

↓

Kantonale Arbeitsmarkt- oder Migrationsbehörde erteil dem Ausländer oder der Ausländerin eine Zusicherung der Aufenthaltsbewilligung (oder verweigert sie). Sie muss dem BFM zur Zustimmung unterbreitet werden.

↓

Ausländer/in kann in die Schweiz einreisen, muss sich bei der Gemeinde/dem Kanton anmelden.

↓

Im Falle eines befristeten Arbeitsvertrags von weniger als 12 Monaten wird eine Kurzaufenthaltsbewilligung erteilt. Familiennachzug ist erlaubt.

Kantonale Migrationsbehörde erteilt die Aufenthaltsbewilligung. Familiennachzug ist erlaubt.

↓

Nach 10 Jahren Aufenthalt in der Schweiz: Niederlassungsbewilligung (C-Ausweis).

Quelle: Bundesamt für Migration

Faktisch artikuliert sich der Wille zur Förderung der Integration insbesondere darin, dass man den Ausländern eine grössere Freiheit zum Berufs- oder Wohnortwechsel gewährt. Das Gesetz sieht ausserdem die – bereits seit einigen Jahren erprobte – Möglichkeit vor, auf Bundesebene spezifische Integrationsmassnahmen zu fördern.

Parallel zu den Integrationsmassnahmen werden mit dieser Gesetzesrevision eine Reihe neuer Kontroll- oder gar Zwangsmassnahmen definiert. Zu nennen ist insbesondere eine Verschärfung der Sanktionen gegen Fluchthelfer oder gegen den Transport von Personen ohne Aufenthaltserlaubnis (z. B. Sanktionen gegen Fluggesellschaften), gegen Schwarzarbeit oder gegen Scheinehen zur Erlangung des Aufenthaltsrechts.

Es wird ersichtlich, dass dieser Gesetzesentwurf aufs Genaueste den neuen Kontext und die in Kapitel 8 beschriebenen neuen Allianzen widerspiegelt. Um es mit einem Begriff des Wissenschaftlers Andreas Wimmer auszudrücken: Das Gesetz ist ein schönes Beispiel für einen helvetischen Kompromiss.

Die Schweiz und die zehn neuen EU-Mitgliedstaaten

Am ersten Mai 2004 sind zu den bisherigen fünfzehn Staaten zehn neue EU-Mitglieder hinzugekommen: Zypern, die Tschechische Republik, Estland, Ungarn, Lettland, Litauen, Malta, Polen, die Slowakische Republik und Slowenien. Mit dem Anstieg der Einwohnerzahl der Europäischen Union von 375 auf 450 Millionen wächst auch die Hoffnung, dass diese Erweiterung das Wirtschaftswachstum ankurbeln, die Schaffung neuer Arbeitsplätze fördern und das politische Gewicht Europas erhöhen werde. Ab 2007 werden auch Bulgarien und Rumänien der EU beitreten können.

Die Ausdehnung des bilateralen Freizügigkeitsabkommens auf die zehn neuen EU-Länder wurde am 25. September 2005 von den Stimmbürgerinnen und Stimmbürgern angenommen. Die Erweiterung wirft in der Schweiz die Frage nach dem Immigrationspotential aus den neuen EU-Mitgliedstaaten auf. Zwar leben zurzeit nur wenige

Bürger aus den neuen Mitgliedstaaten in der Schweiz (Ende 2004 waren es 18 925), die Ausdehnung der Personenfreizügigkeit wird aber den Zugang zu einem beträchtlichen Arbeitskräftepotential öffnen. Damit wird aber zugleich auch die Furcht vor einem massiven Einwanderungsdruck geweckt.

Lassen sich die Grössenordnungen dieser Entwicklung abschätzen? Die Erfahrungen, die die Europäische Gemeinschaft mit der Aufnahme von Griechenland 1981 und von Spanien und Portugal 1986 machte, zeigen: Die Einwanderung aus Ländern, deren Entwicklungsstand deutlich unter jenem der nordeuropäischen Länder lag, fiel bescheiden aus. Gleichzeitig erlebten diese Länder infolge ihres Beitritts ein besonders rasches Wirtschaftswachstum, und die Tatsache, dass sie so rasch aufholten, hat den Auswanderungsdrang der Bevölkerung erheblich gebremst. Es ist wohl eher unwahrscheinlich, dass die Entwicklung in den neuen Mitgliedstaaten ebenso schnell vorangehen wird. Auch sind die Einkommensunterschiede gegenüber der EU deutlich grösser.

Auf dieser Grundlage schätzt die EU das Migrationspotential der 10 neuen Mitgliedstaaten in Richtung EU für die ersten fünf Jahre auf jährlich 220 000 Personen. Diese Zahl liegt um einiges höher als die Werte der Binnenmigration im Anschluss an die Süderweiterung der EU. Man rechnet damit, dass sich zwei Drittel der Immigration auf die östlichen Grenzen Deutschlands und Österreichs konzentrieren werden. Anschliessend sollten diese Zahlen gemäss EU-Prognose kontinuierlich rückläufige Tendenz zeigen, was mit der ökonomischen Angleichung zwischen den europäischen Ländern begründet wird.

Eine Hochrechnung dieser Zahlen für die Schweiz erlaubt es dem Bundesrat, mit aller Vorsicht einen Zuwachs in der Grössenordnung von 3600 bis 4600 zusätzlichen Einwanderern pro Jahr anzunehmen, das wären 20 % der aus der EU stammenden Nettomigration der letzten Jahre. Es ist aber nicht auszuschliessen, dass auf indirektem Weg ein Migrationspotential in Richtung Schweiz geschaffen wird, falls Deutschland und Österreich eine starke Immigration erleben würden und unter Druck geraten sollten, in manchen Sektoren die Löhne zu senken. Die voraussichtliche Zunahme der Migration in die Schweiz ist also nicht unbeträchtlich, ihre Schätzung bleibt aber wegen der verfügbaren Daten und der verwendeten Methoden sehr vage (Lerch/Piguet, 2005).

Warum stellte sich der Bundesrat positiv zum freien Personenverkehr?

Der Bundesrat nahm zur Ausweitung der Personenfreizügigkeit eine sehr positive Haltung ein, weil er von deren günstiger Wirkung auf die Schweizer Wirtschaft überzeugt war. Drei Argumente scheinen bei dieser Entscheidung eine Rolle gespielt zu haben:

- Das erste Argument betrifft die neuen Möglichkeiten zur Rekrutierung qualifizierter Arbeitskräfte. Für diese Annahme spricht die Tatsache, dass das Bildungsniveau in den neuen Mitgliedstaaten relativ hoch ist. Diesem ersten Argument traut man offensichtlich die grösste Konsensfähigkeit zu, weswegen es auch am häufigsten genannt wird.
- Das zweite Argument bezieht sich auf die Problematik der Branchen mit einem Bedarf an niedrig qualifizierten Arbeitskräften wie die Landwirtschaft, die Baubranche sowie das Hotel- und Gastgewerbe. Die Personenfreizügigkeit in Bezug auf die neuen EU-Länder soll einen akzeptablen Kompromiss herbeiführen, der diesen Branchen das Überleben sichert, ohne die Rekrutierung auf den Rest der Welt auszuweiten. Im Februar 2003 schätzte der Schweizerische Bauernverband den Arbeitskräftebedarf, der in den nächsten Jahren aus Mitteleuropa zu decken wäre, für die Landwirtschaft auf 5000 bis 6000. Dieses Argument ist für den Bundesrat heikel, steht es doch im Widerspruch zu jenem anderen Argument, das die Begrenzung der unqualifizierten nicht europäischen Immigration rechtfertigen sollte. Diese Form der Immigration habe ja angeblich langfristig negative Folgen für die Wirtschaft.
- Das dritte Argument bezieht sich auf die Tatsache, dass die Personenfreizügigkeit untrennbar mit den übrigen bilateralen Verträgen zwischen der Schweiz und der EU zusammenhängt: Die Freizügigkeit mag manche Nachteile haben, ihre Ablehnung würde aber die gesamten übrigen Abkommen gefährden, nicht nur

bei den neuen Mitgliedländern, sondern in der ganzen EU. Dies wird gelegentlich als «Guillotinenklausel» bezeichnet. Es steht jedenfalls fest, dass die EU nicht bereit wäre, der Schweiz eine Ungleichbehandlung der EU-Mitgliedstaaten zuzugestehen.

An dieser Stelle ist anzumerken, dass im Argumentekatalog des Bundesrates zur Ausdehnung der Freizügigkeit ein demographisches Argument in Erscheinung tritt, das bislang in den Migrationsdiskussionen kaum auftauchte. Darauf wird am Ende der vorliegenden Untersuchung zurückzukommen sein.

Auf dieser Grundlage hat der Bundesrat in einem Zusatzprotokoll zum Abkommen über die Personenfreizügigkeit ausgehandelt, dass der freie Personenverkehr mit den zehn neuen EU-Mitgliedstaaten graduell eingeführt werden kann (vgl. Graphik S. 154). Es wurde eine Übergangsphase festgelegt, die bis zum 30. April 2011 dauert. So lange ist die Schweiz berechtigt, arbeitsmarktliche Beschränkungen beizubehalten (Inländervorrang und Lohnkontrollen). Beibehalten werden auch die jährlichen Kontingente. Im Jahr 2009 wird das Parlament darüber entscheiden, ob das Abkommen über die Personenfreizügigkeit weitergeführt wird. Die Entscheidung untersteht dem fakultativen Referendum.

Im Bewusstsein, dass die voraussichtliche Zunahme der Migration Druck auf die Löhne erzeugen würde und man einen innenpolitischen Konsens erreichen musste, beschloss der Bundesrat auch eine Reihe von flankierenden Massnahmen. Deren Ziel ist es zu verhindern, dass europäische Unternehmen ihre Angestellten in der Schweiz zu den Lohnbedingungen ihrer Herkunftsländer beschäftigen können. Ein weiteres Ziel besteht darin, eine markante Verschlechterung der Arbeitsbedingungen in den Sektoren zu verhindern, in denen viele Ausländer beschäftigt sind. In den Kantonen erhielten tripartite Kommissionen (Behörden, Arbeitgeber und Arbeitnehmer) den Auftrag, die Einhaltung der eidgenössischen Richtlinien zu überwachen. Zur Bekämpfung von wiederholtem Lohndumping besteht bei Bedarf die Möglichkeit, den Gültigkeitsbereich der Gesamtarbeitsverträge auszudehnen. Eine Verstärkung der Kontrollen ist im Übrigen auch durch die Einstellung zusätzlicher Inspektoren geplant. Auf diese Thematik werden wir im nächsten Kapitel nochmals eingehen.

Zeitplan für die Personenfreizügigkeit

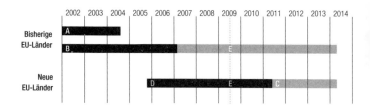

Einführung der Personenfreizügigkeit für die bisherigen 15 EU-Mitgliedstaaten
A 2 Jahre Inländervorrang, Kontrolle der Lohn- und Arbeitsbedingungen (bis 31.5.2004)
B 5 Jahre Kontingente (bis 31.5.2007)
C Besondere Schutzklausel für die Schweiz bei übermässiger Zunahme der Einwanderung (bis 2014)
E Fakultatives Referendum über die Weiterführung des Freizügigkeitsabkommens

Einführung der Personenfreizügigkeit für die neuen EU-Mitgliedstaaten
D Inländervorrang, vorgängige Kontrolle der Lohn und Arbeitsbedingungen sowie Kontingente bis 2011
C Besondere Schutzklausel für die Schweiz bei übermässiger Zunahme der Einwanderung (bis 2014)
E Fakultatives Referendum über die Weiterführung des Freizügigkeitsabkommens

Quelle: Bundesamt für Migration

14

Aktuelle und künftige Themen im Migrationsbereich

Wagen wir nun noch einen Ausblick auf die wichtigsten Themen, welche die Einwanderung in die Schweiz voraussichtlich prägen werden. Dabei geht es um Aussen- und Innenpolitik, um den Bundeshaushalt und das Wirtschaftswachstum, um Fragen der Bevölkerungsentwicklung und um die humanitäre Dimension der Migration.

Die aussenpolitische Ebene: Das Projekt Europa

Der Einfluss, den die Migrationsfrage auf die internationalen Beziehungen der Schweiz ausübt, wird sich hauptsächlich auf der europäischen Ebene zeigen. Nachdem das Volk dem Freizügigkeitsabkommen mit der EU-15 und dessen Ausweitung auf die 10 neuen EU-Mitglieder zugestimmt und auch das Schengen/Dublin-Abkommen angenommen hat, steht das Land im Migrationsbereich in der Tat am Anfang einer neuen Ära.

Wenn man bedenkt, dass die Schweiz – wie in den ersten Kapiteln gezeigt – im Einwanderungsbereich fünfzig Jahre lang sehr autonom agierte und dass ihre Politik zur Betonung des helvetischen Sonderfalls neigte, so erscheint diese neuere Entwicklung als ungeheurer

Paradigmenwechsel und als Abschied von Souveränität und Autonomie. Dagegen liesse sich natürlich einwenden, der aktuelle Abschied sei nur ein relativer, da sich die Migration, wie in diesem Buch gezeigt, immer schon nur beschränkt kontrollieren liess. Trotzdem ist diese Situation vergleichbar mit dem Schritt, den die Kantone zu Beginn des letzten Jahrhunderts machten, als sie einige ihrer Kompetenzen an den Bund abgaben.

In den nächsten Jahren wird es also darum gehen, das fragile Gleichgewicht zu erhalten, das zwischen den Zugeständnissen an die EU und der Zustimmung des Volkes zu einem Autonomieverlust erreicht wurde. In dieser Hinsicht werden die Jahre 2009 (fakultatives Referendum über die Weiterführung des Freizügigkeitsabkommens) und 2011 (Ablauf der letzten Kontingente für die neuen EU-Mitgliedstaaten) zwei Schlüsseldaten sein. Wenn es dem Bundesrat bis zu diesem Zeitpunkt weder gelingt, die positiven Auswirkungen der Freizügigkeit auf die Wirtschaft und auf die Lebensqualität der Bevölkerung überhaupt nachzuweisen, noch die Freizügigkeit in ein eigentliches Gesellschaftsprojekt zu integrieren, werden die populistischen Bewegungen bei der Wiederbelebung von Abschottungstendenzen leichtes Spiel haben. In einem solchen Fall wäre die Gefahr gross, dass die Schweiz auf dem europäischen Kontinent in eine deutliche Isolation geraten könnte.

Es ist wenig wahrscheinlich, dass die erweiterte Europäische Union bereit wäre, einzelne Klauseln zur Freizügigkeit neu auszuhandeln. Die Erweiterung der EU um Bulgarien, Rumänien und weitere Länder wie Kroatien oder die Türkei wird erneut kritische Momente mit sich bringen. Es besteht kein Zweifel, dass die EU von der Schweiz schliesslich die Ausweitung der vereinbarten Abkommen auf diese neuen Länder fordern wird.

Die genannten Termine verlangen also eine sorgfältige Vorbereitung. So sollten – mittels wissenschaftlicher Forschung – sämtliche Folgen der Freizügigkeit und der Migration im Allgemeinen lückenlos dokumentiert werden: Auswirkungen auf die Löhne, die Produktion, den Wohnungsmarkt, die öffentlichen Finanzen, die Dynamik der Unternehmen usw. Es steht jedoch keineswegs fest, dass diese

Ergebnisse deutlich genug ausfallen, dass sie überzeugend wirken. Entsprechend kann man sich fragen, ob der von der Schweiz gewählte bilaterale Weg gangbar ist und ob es eines Tages nicht doch nötig sein wird, die Freizügigkeit deutlicher als bisher in die Perspektive eines EU-Beitritts einzubetten. Ein Vorgehen dieser Art hätte den Vorteil, dass sie über die sektoriellen und nutzenorientierten Begründungen hinausginge und die Freizügigkeit in einem europäischen Gesellschaftsprojekt verankern würde, das auf den Idealen des Friedens, des Humanismus und einer gewissen weltweiten Rolle basiert.

Die innenpolitische Ebene: Kohärenter Plan zur Bekämpfung der Fremdenfeindlichkeit

Während langer Zeit war Migration in der Schweiz vor allem eine Sache der Innenpolitik. Die Einwanderungspolitik war Ergebnis eines ständigen Aushandelns zwischen den nationalen Akteuren und eines subtilen Austarierens der herrschenden Interessen und Kräfteverhältnisse. Verantwortlich dafür war das Bestreben, alle Landesregionen und besonders die benachteiligten Regionen an den positiven Folgen der Immigration zu beteiligen, zusammen mit der weitgehenden Autonomie der Kantone bei der Vergabe von Aufenthaltsbewilligungen.

Ein solches Vorgehen ist, seitdem die Personenfreizügigkeit mit Europa eingeführt und die branchenspezifischen und regionalen Mobilitätsbarrieren für die meisten Ausländer innerhalb der Schweiz aufgehoben wurden, nicht länger möglich. Wie sollte man sich auch vorstellen, dass ein Kanton seine eigenen Selektionskriterien für Immigranten definieren würde, wenn die Eingewanderten in andere Kantone umziehen dürfen? Dasselbe gilt für die Besonderheiten mancher Branchen bei der Arbeitskräfterekrutierung: Sie zu berücksichtigen, indem man beispielsweise die Einwanderung wenig qualifizierter Immigranten erlaubt, ist nur dann sinnvoll, wenn die betreffenden Branchen dem ganzen Land wirtschaftliche Vorteile bringen. Tun sie dies nicht, lösen sich die sektoriellen Vorteile der Immigration in nichts auf, wenn die Immigranten in andere, besser bezahlte Sektoren umsteigen, ohne dass ihre Qualifikationen den Bedürfnissen dieser Sektoren entsprechen würden.

Bei dieser Ausgangslage wird es nötig sein, von einer reaktiven Innenpolitik, die alle zufrieden stellen will, zu einer proaktiven Politik überzugehen. Der Bundesrat wird nicht umhin können, im Zusammenhang mit der Migration die allgemeinen Landesinteressen zu definieren, entsprechende Prioritäten zu setzen und diese Entscheidungen offen darzulegen. Eine solche Aufgabe hat vor einigen Jahren auch die britische Regierung einigermassen bravourös hinter sich gebracht (Home Office, UK, 2002). Auf diese Weise ist es möglich, den institutionellen Partnern, allen voran den Kantonen, aber auch der Gesamtbevölkerung und den Immigranten selbst die Entscheidungen zu erklären. Schliesslich scheint dieses Vorgehen – Erklären auf der Basis eines kohärenten Projektes – auch der einzige Weg zu sein, um die andere grosse, auch in Zukunft bestehende Herausforderung der Innenpolitik anzugehen: die Fremdenfeindlichkeit.

Für einen neuen Tonfall

Um diese Herausforderung zu meistern, wird man in der Einwanderungspolitik künftig mit einer Transparenz vorgehen müssen, wie sie in diesem Bereich bislang unbekannt war. Nötig ist solche Transparenz besonders bei den Kriterien für die Vergabe von Arbeitsbewilligungen. Die Behörden haben in dieser Hinsicht derzeit noch recht viel Spielraum und sind nur beschränkt verpflichtet, die Überprüfbarkeit zu gewährleisten.

Ohne Zweifel wird es auch nötig sein, den staatlichen Migrationsdiskurs insgesamt in einem Tonfall zu führen, bei dem nicht mehr die ständige Angst vor Missbräuchen durchschimmert. Es sollte ein Tonfall sein, der – um eine Kritik von Andreas Wimmer aufzugreifen – Ausländer nicht länger als «gefährliche Eindringlinge» darstellt, «die nur unter ganz spezifischen Bedingungen, nämlich wenn es aus wirtschaftlichen Gründen absolut unerlässlich ist, an bestimmten Kontrollpunkten und unter einer Reihe von Vorbedingungen (Visa usw.) ins Land gelassen werden können, wo sie auch prompt Bestimmungen übertreten, Fristen nicht beachten, Anmeldungsprozedere nicht befolgen und andere Kontrollinstitutionen zu unterwandern versuchen, arbeitslos und fürsorgeabhängig, ja häufig gar kriminell werden und deshalb, leider aber nur unter Berücksichtigung einer Vielzahl einschränkender Bestimmungen, in Vorbeuge- oder Ausschaffungshaft genommen werden müssen; schliesslich gelingt es, sie wieder auszuschaffen, des Landes zu verweisen oder zumindest am Wiedereintritt in die Schweiz zu hindern» (Wimmer 2001, S. 101).

Die demographische Ebene: Die Alterung kompensieren

In einem Kontext zunehmender Alterung, von der alle europäischen Länder betroffen sind, sagen die demographischen Prognosen für die Schweiz einen Rückgang der aktiven Bevölkerung ab 2010–2015 voraus. Das Bevölkerungswachstum ist schon seit den 1990er Jahren vollumfänglich den Ausländern zuzuschreiben, sowohl über die Immigration als auch über die Geburtenraten. Intensivierte Einwanderung scheint demnach eines der wenigen Mittel zu sein, die erlauben, ein ausgeglichenes Verhältnis zwischen den diversen Altersgruppen herzustellen. Zurzeit beträgt das Verhältnis zwischen der Altersgruppe der 15- bis 65-Jährigen und jener der Pensionierten 1 zu 4. Im Jahr 2040 könnte dieses Verhältnis bei 1 zu 2,2 liegen.

Dies ist ein vollkommen neuer Aspekt der Migrationsdebatte, der bei den bisherigen Massnahmen der Schweiz keine Rolle spielte. Es ist wichtig, diesen Aspekt künftig parallel zu den traditionellen Kriterien, die mit den wirtschaftlichen Interessen des Landes oder mit humanitären Fragen zusammenhängen, zu berücksichtigen. Dies ist auch im Entwurf zum neuen Ausländergesetz ausdrücklich vorgesehen: «Bei der Zulassung von Ausländerinnen und Ausländern wird der demographischen und sozialen Entwicklung der Schweiz Rechnung getragen.»

Grenzen der Kompensation

Man sollte aber die Möglichkeit, durch Immigration die sinkenden Geburtenraten der westlichen Länder zu kompensieren, nicht überschätzen. Gemäss Schätzungen der UNO und – für die Schweiz – des Demographen Philippe Wanner müsste die Einwanderung in Europa insgesamt um das Vierfache zunehmen, damit ein Bevölkerungsrückgang bis 2050 vermieden werden könnte. Um das Siebenfache müsste die Einwanderung zunehmen, um die erwerbsfähige Bevölkerung (Personen zwischen 15 und 64) auf ihrem aktuellen Niveau zu halten, und um das Sechzigfache, um das Verhältnis zwischen der aktiven Bevölkerung und den 65-Jährigen konstant zu halten. Die Ungeheuerlichkeit der letztgenannten Zahl zeigt, dass die Immigration, auch wenn sie tatsächlich die Alterung der Gesellschaft bremst, mitnichten ein Wundermittel zu deren Bekämpfung sein kann. Auch ist daran zu erinnern, dass die Alterung in erster Linie aus ökonomischen Gründen überhaupt als Problem betrachtet wird. Die Erwerbstätigen müssen zahlreich genug sein, um mit ihren Beiträgen im Rahmen des Transferbudgets zwischen den Generationen die Sozialversicherungen finanzieren zu können. Unter diesem Gesichtspunkt brächte eine Einwanderung, bei der die Immigranten aufgrund ihrer schwierigen Integration in den Arbeitsmarkt tiefe Beschäftigungsquoten aufweisen und ihr Einkommen tief bleiben würde, keine Lösung für die wirtschaftlichen Folgen des Ungleichgewichts zwischen den Altersgruppen.

Die demographische Problematik ist also real. In unterschiedlicher Hinsicht kann die Immigration frischen Wind in eine alternde Gesellschaft bringen, sowohl auf ökonomischer Ebene wie durch die Förderung von Dynamik und Kreativität. Diese neue Problematik sollte aber nicht die Bedeutung der traditionelleren Zwänge verdecken, die auf den migrationspolitischen Entscheidungsprozessen lasten.

Gewinner und Verlierer der Immigration

In Bezug auf die nationale Wirtschaft insgesamt werden sich sowohl der freie Personenverkehr mit der erweiterten EU als auch die Zulassung qualifizierter Personen aus dem Rest der Welt mit Sicherheit positiv auswirken. Nach Schätzungen des Staatssekretariats für Wirtschaft sollte die Ausdehnung der bilateralen Abkommen auf die neuen EU-Mitgliedstaaten für das schweizerische BIP zwischen 2005 und 2010 ein jährliches Wachstumsplus in der Grössenordnung von 0,2 bis 0,5 % einbringen, das heisst 1 bis 2 Milliarden Franken.

Dieses Ergebnis stimmt mit der ökonomischen Theorie der internationalen Migration überein: Zuwanderung führt zu einer Verringerung der Produktionskosten und zu verbesserter Wettbewerbsfähigkeit. Die Theorie sagt aber noch etwas anderes: Das Wachstum wird ungleich verteilt sein, sowohl zwischen den Branchen als auch zwischen der Vergütung der Arbeit (Löhne) und der Vergütung des Kapitals (Zinsen und Dividenden). Es ist mit anderen Worten gut möglich, dass die Löhne in gewissen Branchen und Berufszweigen sinken, während die Prosperität insgesamt – auf dem Umweg über die gestiegene Unternehmensrendite – steigt. Diese Perspektive betrifft die traditionellen Rekrutierungsbranchen mindestens ebenso wie die bislang von der Immigration wenig betroffenen qualifizierten Bereiche. Zu denken ist zum Beispiel an die Informatik und den Gesundheitsbereich.

Die politische Herausforderung besteht darin, die negativen Effekte zu dämpfen, um zu verhindern, dass sich zwischen Einwanderungs-Gewinnern und -Verlierern eine Kluft öffnet. Eine Kluft, die sich durchaus auf die allgemeine Einstellung eines Teils der Bevölkerung zur Einwanderung auswirken könnte. Gleichzeitig würden aber allzu rigide defensive Massnahmen – wie das Blockieren der Löhne – gemäss ökonomischer Theorie die Vorteile der Einwanderung grösstenteils zunichte machen.

Dass es sich da um eine Quadratur des Kreises handelt, spiegelt sich klar in den Vernehmlassungen zu Migrationsfragen: Auf der einen Seite stehen die Arbeitgeberkreise und die Investoren, die eine

Ausweitung der Personenfreizügigkeit mit einem Minimum an neuen Reglementierungen wünschen, auf der anderen Seite die Gewerkschaften, die den freien Personenverkehr nur unter der Bedingung akzeptieren wollen, dass die Arbeits- und Lohnbedingungen mittels umfassender flankierender Massnahmen auf dem aktuellen Niveau gehalten werden. Wie schon erwähnt, hat der Bundesrat eine Reihe solcher Massnahmen eingeplant, um einen allzu brutalen Schock bei der Ausweitung des freien Personenverkehrs zu vermeiden.

Dieser selbe Bundesrat hat in einem neueren Bericht über die wachsende Konkurrenz zwischen Immigranten und Einheimischen aber Folgendes klargestellt: «Nicht jede Unterbietung von Löhnen durch Zuwanderer ist jedoch als Missbrauch zu qualifizieren. Insbesondere im Bereich von qualifizierten und hoch qualifizierten Tätigkeitsfeldern kann eine Belebung der Konkurrenz auf dem Arbeitsmarkt durch die Personenfreizügigkeit durchaus erwünscht sein» (Bundesrat 2004, S. 17).

Die für das Gleichgewicht nötige Dosierung zwischen stimulierender Öffnung einerseits und Verteidigung des Bestehenden andrerseits erweist sich als heikle Aufgabe. Die Zukunft wird zeigen, ob die Begleitmassnahmen zur Personenfreizügigkeit und die bewährten, für die Schweiz typischen Mechanismen kollektiven Aushandelns genügen, um zu verhindern, dass eine Allianz der Extreme zwischen der nationalistischen Rechten und defensiven Arbeiternehmerkreisen die Einwanderungspolitik insgesamt zum Scheitern bringt. Gewiss ist schon heute, dass Bundesrat und Parlament vor einer beachtlichen Herausforderung stehen. Es geht um eine der grössten Aufgaben, die im Migrationsbereich überhaupt zu bewältigen ist.

Die Suche nach dem nationalen Interesse

Positive oder negative Rolle der unqualifizierten Migranten
Es besteht ein relativ breiter Konsens darin, dass das nationale Interesse als Hauptkriterium für die Bewertung der ökonomischen und «nicht humanitären» Zuwanderung anzusehen ist. Worin dieses Interesse

besteht, ist aber noch zu bestimmen. Ein gewisser Konsens besteht zurzeit bezüglich der qualifizierten Migranten, deren wirtschaftliche Wirkung als sehr positiv beurteilt wird. Die Frage nach der Bedeutung der unqualifizierten Arbeitskräfte hingegen ist Gegenstand von Kontroversen sowohl theoretischer als auch politischer Natur.

Die einen sehen in den unqualifizierten Migranten keinen signifikanten Wachstumsfaktor für das Aufnahmeland. Diese Migranten erfüllen zwar gewisse ökonomische Funktionen, bremsen aber auch die Modernisierung des Produktionsapparates und sind langfristig von ökonomischen Integrationsschwierigkeiten und einem erhöhten Arbeitslosigkeitsrisiko betroffen. In einem Sozialstaat wie der Schweiz sind sie auf Dauer eindeutig eine Last für die nationale Gemeinschaft. Weiter nehmen die Verfechter dieses Argumentes an, dass die Nachfrage nach unqualifizierter Arbeit stark sinken wird – und die Zahlen scheinen ihnen Recht zu geben: Nach einer Schätzung des Staatssekretariats für Wirtschaft sind zwischen 1991 und 2002 insgesamt 67 000 solche Stellen verschwunden (-6,8 %).

Für die Vertreter der Gegenthese sind die unqualifizierten Migranten ein verborgener, aber gesellschaftlich unverzichtbarer Teil der Wirtschaft, und ihre Arbeit ist keineswegs zum Verschwinden verurteilt. Im Sektor der hauswirtschaftlichen Dienstleistungen oder im Gesundheitheitsbereich entsprechen sie einem breiten Bedarf, der erst durch die zunehmende Alterung der Bevölkerung, die Zunahme der Einelternfamilien sowie die wachsende Berufstätigkeit der Frauen entstanden ist. In Sektoren wie der Landwirtschaft sind diese Migranten nötig, um gegen die Konkurrenz von Ländern bestehen zu können, die weniger Wert auf soziale Normen legen und in grossem Stil auf Schwarzarbeiter zurückgreifen. Indem sie Aufgaben erledigen, die die Einheimischen nicht übernehmen wollen, fördern die unqualifizierten Migranten die ökonomische Aufwärtsmobilität der Einheimischen, wodurch sie auch ganzen Wirtschaftssektoren das Überleben ermöglichen. Aus Sicht mancher Autoren ist die Koexistenz von hoch und niedrig qualifizierten Arbeiten gar ein zentrales Merkmal der am weitesten entwickelten Wirtschaftssysteme. Die Tatsache, dass es Migranten gibt, die Kinder betreuen, Hauslieferungen ausführen oder abends Büroräume reinigen, wäre somit ein indirekter Beitrag zu den produktivsten ökonomischen Entwicklungen im Finanz- oder Informatikbereich ...

Die «Papierlosen»

In der Schweiz hat diese Kontroverse im Zusammenhang mit der Debatte über Migranten ohne Aufenthaltserlaubnis sehr konkret Gestalt angenommen. Diese Gruppe – schätzungsweise 100 000 Personen, die meisten von ihnen erwerbstätig – umfasst Personen mit abgelaufenen Bewilligungen (z. B. Kurzaufenthalter oder abgewiesene Asylbewerber) ebenso wie Personen, die illegal oder mit einem Touristenvisum eingereist sind. Diese auch als «Sans-Papiers» bezeichneten Personen beweisen, dass eine Nachfrage nach niedrig qualifizierten Arbeitskräften existiert, die der schweizerische Arbeitsmarkt bei den geltenden Rechtsgrundlagen zum Migrationsbereich kaum befriedigen kann. Die Verteidiger der Papierlosen halten es deshalb für nötig, die Einreise aussereuropäischer Bürger flexibler zu regeln. Andere Beobachter sind der Ansicht, dass die Sans-Papiers nicht durch legale Einwanderer ersetzt werden können, weil Letztere wesentlich mehr verdienen müssten.

Angesichts dieses Dilemmas und des Drucks von allen Seiten legten die Behörden und politischen Akteure in den letzten Jahren eine gewisse Ratlosigkeit an den Tag – was durchaus verständlich ist, denn Wundermittel sind in diesem Bereich nicht zu haben. Um der künftigen Politik eine Richtung zu geben, müssen zunächst zwei Fragen klarer beantwortet werden: jene nach dem langfristigen Bedarf der Wirtschaft an niedrig qualifizierten Arbeitskräften und jene nach dem Migrationspotential dieses Typs im erweiterten EU-Raum. Für diese Klärung werden weder die ökonomische Theorie noch punktuelle Studien ausreichen. Vielmehr scheint es unabdingbar, die Entwicklung der nächsten Jahre mit wissenschaftlichen Mitteln im Einzelnen und kontinuierlich zu beobachten. Auch sollten bei den betroffenen Kreise regelmässige Befragungen stattfinden.

Staatliche Rechtsgarantien beibehalten, ohne sich blind am bestehenden System festzuklammern

Unter allen Folgen staatlicher Politik gehören diejenigen, die die Migrationspolitik nach sich ziehen kann, auf der menschlichen Ebene zu den dramatischsten. Die Ablehnung eines Asylgesuchs, die Rückführung in ein feindliches Land oder die Weigerung, eine Aufenthaltsbewilligung zu verlängern, all dies kann Menschenleben ruinieren oder gar beenden. Gleichzeitig kann aber eine Politik, die die Zulassungskriterien nur vage definiert oder beim Entscheidungsvollzug nachlässig vorgeht, ambivalente Situationen, Provisorien und Halbheiten auf unbegrenzte Zeit verlängern. Zustände dieser Art können psychologisch destruktiv wirken oder neue Migranten zu Einwanderungsversuchen ermutigen, die zum Scheitern verurteilt sind oder gar mit dem Tod enden.

Zwischen 1990 und 2005 wurden in der Schweiz mehr als 400 000 Asylgesuche eingereicht. Rund 32 000 Personen wurden als Flüchtlinge anerkannt, 80 000 erhielten eine Bewilligung für Härtefälle oder erwarben durch Heirat das Aufenthaltsrecht. Die Wahrscheinlichkeit, nach einem Asylgesuch in der Schweiz bleiben zu können, beträgt also schätzungsweise 28 %. Im Jahr 2004 wurden 6339 Bewilligungen erteilt, während im selben Jahr 14 248 neue Asylgesuche eingereicht wurden.

Für eine Mehrheit der Exilierten erweist sich der Aufenthalt in der Schweiz letztlich als Fehlschlag, der mit der mehr oder weniger erzwungenen Rückreise endet.

Diese Zahlen bedeuten zweierlei. Einerseits zeigen sie, dass eine humanitäre Aufnahmetradition in der Schweiz existiert und sich behauptet. Andrerseits verdeutlichen sie, in welchem Ausmass das aktuelle Asylsystem eine grosse Zahl von Menschen in eine äusserst ungewisse Zukunft entlässt. Sollen sich Vorzüge und Nachteile weiterhin die Waage halten, müssen mehrere Fronten zugleich verteidigt werden.

Die erste Front ist die Bewahrung der rechtsstaatlichen Garantien. Im Zusammenhang mit dem – in der Tat umfangreichen – Zustrom von Flüchtlingen wurde die Debatte in der letzten Zeit exzessiv politisiert, wobei höchste Bundesbehörden im Schnellverfahren Massnahmen vorschlagen, die das Asylsystem im Innersten bedrohen können. So wurden sowohl das Recht auf eine vertiefte Prüfung der Asylgründe wie das Recht, Entscheide anzufechten, in Frage gestellt. Von einem gewissen Punkt an kann so der ganze Geist der Konvention von 1951 in Gefahr geraten.

Es wäre aber nutzlos, sich stattdessen blind an das bestehende System zu klammern. Die zweite Front, die es zu verteidigen gilt, ist der Anspruch, die Schutzmassnahmen adäquat auf die veränderlichen Realitäten der Fluchtgründe abzustimmen. Obwohl die überwiegende Mehrheit der Asylbewerber aus Gegenden stammt, in denen Gewalt, Gefahr und Not herrschen, muss doch auch festgestellt werden, dass die individuelle politische Dimension bei der Auswanderung dieser Personen eine geringe Rolle spielt. Auch sind diejenigen, die in der Schweiz eintreffen, nicht immer die am härtesten Betroffenen. Auf einige Zehntausend Opfer, die bis an die Ufer Europas gelangen, kommen Millionen weiterer Personen, die ebenso schutzbedürftig wären.

Wenn man nicht für eine totale Öffnung der Grenzen eintreten will, muss man künftig über politische Wege nachdenken, die es der Schweiz und den übrigen privilegierten Ländern der Welt ermöglichen, die Lage der von Gewalt betroffenen Bevölkerungen zu verbessern, ohne ihnen die Unwägbarkeiten des Asylwegs zuzumuten. Die Intensivierung der Anstrengungen im Bereich des weltweiten Schutzes in Krisenregionen und die Prüfung der Asylgründe vor Ort oder in Durchgangsländern wären durchaus zu prüfen. Verstärkt werden muss auch die europäische Zusammenarbeit. Es liegt im Interesse der schutzbedürftigen Personen, dass eine verbesserte Koordination das ständige gegenseitige Sich-Unterbieten der Ländern bei den Aufnahmebedingungen verhindert und eine Verteilung der Hilfsbemühungen fördert. Schliesslich kann es kein anderes Ziel geben als dasjenige, die Zahl der Personen zu erhöhen, denen Schutz gewährt werden kann, sei dies in Europa oder anderswo.

15

Das Paradox von Einschluss und Ausschluss

Beschliessen wir unsere Überlegungen zur Frage der Immigration in die Schweiz mit dem Hinweis auf ein Paradox. Ist man sich seiner bewusst, so hat man ein nützliches Werkzeug zur Hand, um die Schwierigkeiten und Krisen der heutigen – speziell der europäischen – Migrationspolitik zu entschlüsseln.

Auf der einen Seite gehört es zu den charakteristischen Merkmalen der reichsten Länder, dass sie der Immigration mit grossen Vorbehalten begegnen. Ihre Entscheidung, neue Migranten aufzunehmen, erfolgt in der Regel unter ökonomischem oder humanitärem Druck. Ein ganzes Arsenal rechtlicher Massnahmen soll helfen, die Zahl der Zuwanderer so tief wie möglich zu halten. Zurzeit sind diese Schliessungsmechanismen vor allem im Asylbereich wirksam, sie betreffen aber auch die Migration niedrig qualifizierter Arbeitskräfte. Dem liegen zwei Ängste zugrunde: zum einen vor den negativen wirtschaftlichen Folgen einer unkontrollierten Zuwanderung, zum anderen vor dem Erstarken fremdenfeindlicher Tendenzen in der Bevölkerung. Diese Ängste sind tief in der Logik der Nationalstaaten verwurzelt: der Staat als nationaler Pakt, der seinen Bürgern im Tausch gegen ihre Loyalität eine Vorzugsbehandlung gegenüber den Nichtbürgern zugesteht.

Auf der anderen Seite aber haben dieselben Staaten den Immigranten im Lauf der Zeit immer umfangreichere zivile, ja sogar politische Rechte gewährt: Rechte, zu deren Einhaltung die Staaten sich selbst verpflichtet haben, indem sie alle möglichen internationalen Abkommen unterschrieben. Damit wurden die Rechte, die einmal an die Staatsbürgerschaft gebunden und nur für Bürger gültig waren, sukzessive auf die legal anwesenden Ausländer ausgedehnt, um schliesslich – wenn auch erst in begrenztem Ausmass – für alle Einwohner gültig zu werden, die sich im Staatsgebiet aufhalten. Diese Ausweitung ergibt sich daraus, dass einige Bezugswerte fortlaufend gestärkt wurden und eine «Kultur der Menschenrechte» entstand. Diese Kultur der Menschenrechte ist ein grundlegendes Element der Selbstdarstellung und der Selbstlegitimation «moderner liberaler Demokratien», die Trägerinnen einer universalistischen Botschaft sind.

So geniessen Staatsbürger heute beim Zugang zum Arbeitsmarkt kein Privileg mehr gegenüber den ansässigen Ausländern, während der so genannte «Inländervorrang» noch vor wenigen Jahrzehnten üblich war. Dasselbe gilt für die Ausweisung von Personen, die sehr lange im Land gelebt haben. Im Frankreich der 1930er Jahre, in den USA der 1950er Jahre und noch während der Ölkrise, welche die Schweiz Mitte der 1970er Jahre erfasste, wurden Ausländer massenhaft zur Ausreise gezwungen. Heute würde ein solches Vorgehen nicht mehr als akzeptabel gelten. Zwar kommt es in Europa im Asylbereich immer noch vor, dass Personen nach langjährigem Aufenthalt ausgewiesen werden, aber auch hier stellen Experten fest, dass sich bei der Legalisierung allmählich eine «Norm der Aufenthaltsdauer» durchzusetzen beginnt.

Die beiden Seiten des aktuellen Paradoxes der Migrationspolitik sind also: Abschottung gegenüber der Einwanderung auf der einen, wachsender Einbezug der Migranten auf der anderen Seite. Letzteres geschieht durch die Ausweitung von ehemals den Staatsbürgern vorbehaltenen Rechten an die Migranten. Die Schweiz bildet keine Ausnahme von dieser Regel. So kam es zur Ratifizierung von Abkommen zugunsten der Migranten (Recht auf Familienzusammenführung,

Non-Refoulement usw.) manchmal parallel zur Umsetzung verschärfter Plafonierungsmassnahmen im Ausländerbereich.

Dieses Paradox vereint in sich zwei gegensätzliche, für moderne Staaten zutiefst konstitutive Elemente: universalistische Werte gegen nationalstaatliche Werte. Ist dieser Zusammenhang einmal erkannt, lässt sich die zuweilen widersprüchliche Haltung der Behörden besser nachvollziehen. So erklärt dieses Paradox zum Beispiel, warum die Kategorien Territorium und Geographie plötzlich wieder im Migrationsbereich auftauchen: Der oben erwähnte Wert des Einbeziehens findet nur innerhalb des nationalen, staatlichen Territoriums Anwendung.

Während die Staatsangehörigkeit in juristischer Hinsicht keine so strikte Grenze mehr darstellt wie in der Vergangenheit, sind es jetzt die physischen Grenzen der Staaten, welche diese Rolle übernehmen. Eine Grenze zu überschreiten, den Fuss auf das Hoheitsgebiet eines Staates zu setzen gibt einem Migranten heute das Recht, eine kleine Zahl zusätzlicher Rechte zu beanspruchen. Umgekehrt gibt die Schliessung ebendieser Grenze dem Staat das Recht, Ansprüchen auszuweichen, die er selbst für legitim erklärt hat. Damit wird nachvollziehbar, warum Tausende von Migranten verzweifelt versuchen, unter Lebensgefahr die Meerenge von Gibraltar oder von Otranto zu überqueren oder auf die Insel Lampedusa zu gelangen. Nachvollziehbar werden im Gegenzug auch die unablässigen Anstrengungen, welche die westlichen Länder unternehmen, um diese Zonen zu überwachen. Vor diesem Hintergrund wird man besser verstehen können, dass die Einwanderungspolitik noch lange dazu verurteilt sein wird, mit Widersprüchen, Kompromissen und einem permanenten Schwanken zwischen Öffnung und Abschottung zurechtzukommen.

Anhänge

Eidgenössische Volksabstimmungen zu Migrationsfragen seit 1948

Volksinitiative «Überfremdung», zurückgezogen am 20 März 1968 (erste Überfremdungsinitiative).

Volksinitiative «gegen die Überfremdung» (Schwarzenbach-Initiative), mit 54 % Nein-Stimmen abgelehnt am 7. Juni 1970 (zweite Überfremdungsinitiative).

Volksinitiative «gegen die Überfremdung und Übervölkerung der Schweiz», mit 65,8 % Nein-Stimmen abgelehnt am 20. Oktober 1974 (dritte Überfremdungsinitiative).

Volksinitiative «für den Schutz der Schweiz», mit 70,5 % Nein-Stimmen abgelehnt am 13. März 1977 (vierte Überfremdungsinitiative).

Volksinitiative «für die Beschränkung der Einbürgerungen», mit 66,2 % Nein-Stimmen abgelehnt am 13. März 1977 (fünfte Überfremdungsinitiative).

Volksinitiative «Mitenand-Initiative für eine neue Ausländerpolitik», mit 83,8 % Nein-Stimmen abgelehnt am 5. April 1981.

Referendum gegen die Revision des Gesetzes über Aufenthalt und Niederlassung der Ausländer (ANAG) – Die Revision wird am 6. Juni 1982 mit 50,4 % Nein-Stimmen abgelehnt.

Referendum gegen die erleichterte Einbürgerung junger Ausländerinnen und Ausländer. Die Vorlage wird mit 55,2 % Nein-Stimmen abgelehnt am 4. Dezember 1983.

Bundesbeschluss über die Änderungen der Bürgerrechtsregelung in der Bundesverfassung, mit 60,8 % Ja-Stimmen angenommen am 4. Dezember 1983.

Bundesgesetz über Aufenthalt und Niederlassung der Ausländer. Änderung vom 20. Juni 1986, mit 65,7 % Ja-Stimmen angenommen am 5. April 1987.

Eidgenössische Volksinitiative «für die Begrenzung der Einwanderung», mit 67,3 % Nein-Stimmen abgelehnt am 4. Dezember 1988.

Bundesbeschluss über den Europäischen Wirtschaftsraum (EWR), mit 50,3 % Nein-Stimmen abgelehnt am 6. Dezember 1992.

Revision der Bürgerrechtsregelung in der Bundesverfassung (Erleichterte Einbürgerung für junge Ausländer), am 12. Juni 1994 vom Volk angenommen (52,8 %), aber von den Ständen abgelehnt.

Bundesbeschluss «über die Genehmigung der sektoriellen Abkommen zwischen der Schweizerischen Eidgenossenschaft einerseits und der Europäischen Gemeinschaft (...)» (Bilaterale Abkommen), mit 67,2 % Ja-Stimmen angenommen am 21. Mai 2000.

Eidgenössische Volksinitiative «für eine Begrenzung der Einwanderung» (sog. «18-%-Initiative»), mit 63,8 % Nein-Stimmen abgelehnt am 24. September 2000.

Bundesbeschluss über die ordentliche Einbürgerung sowie über die erleichterte Einbürgerung junger Ausländerinnen und Ausländer der zweiten Generation, mit 56,8 % Nein-Stimmen abgelehnt am 26. September 2004.

Bundesbeschluss über den Bürgerrechtserwerb von Ausländerinnen und Ausländern der dritten Generation, mit 51,6 % abgelehnt am 26. September 2004.

Bundesbeschluss über die Genehmigung und die Umsetzung der bilateralen Abkommen zwischen der Schweiz und der EU über die Assoziierung an Schengen und an Dublin, mit 54,6 % Ja-Stimmen angenommen am 5. Juni 2005.

Bundesbeschluss über die Ausdehnung des Personenfreizügigkeitsabkommens auf die neuen EU-Staaten und über die Revision der flankierenden Massnahmen, mit 56 % Ja-Stimmen angenommen am 25. September 2005.

Eidgenössische Volksabstimmungen im Asylbereich in der Schweiz seit 1948

Asylgesetz. Änderung vom 20. Juni 1986, mit 67,3 % Ja-Stimmen angenommen am 5. April 1987.

Bundesgesetz über Zwangsmassnahmen im Ausländerrecht, mit 72,9 % Ja-Stimmen angenommen am 18. März 1994.

Volksinitiative «gegen die illegale Einwanderung», mit 53,7 % Nein-Stimmen abgelehnt am 1. Dezember 1996. Angenommen in 10 Kantonen und zwei Halbkantonen.

Volksinitiative der Schweizer Demokraten «für eine vernünftige Asylpolitik», vom Parlament für ungültig erklärt am 14. März 1996.

Asylgesetz (AsylG), mit 70,6 % Ja-Stimmen angenommen am 13. Juni 1999.

Bundesbeschluss über dringliche Massnahmen im Asyl- und Ausländerbereich (BMA), mit 70,8 % Ja-Stimmen angenommen am 13. Juni 1999.

Volksinitiative «gegen Asylrechtsmissbrauch», mit 50,1 % Nein-Stimmen abgelehnt am 24. November 2002, von den Kantonen angenommen.

Bundesbeschluss über die Genehmigung und die Umsetzung der bilateralen Abkommen zwischen der Schweiz und der EU über die Assoziierung an Schengen und an Dublin, mit 54,6 % Ja-Stimmen angenommen am 5. Juni 2005.

Die wichtigsten Berichte der Bundesbehörden zu Einwanderungsthemen

Bundesrat (1957): «Die Flüchtlingspolitik der Schweiz seit 1933 bis zur Gegenwart», Bern, Bericht zu Handen der Bundesversammlung (mit dem Bericht von Prof. Ludwig im Anhang).

Bundesamt für Wirtschaft und Arbeit BWK (BWA) (1964): Das Problem der ausländischen Arbeitskräfte: Bericht der Konsultativkommission für das Ausländerproblem. Bern: Eidgenössische Drucksachen und Materialzentrale EDMZ.

Bundesrat (1969): Bericht des Bundesrates an die Bundesversammlung über das zweite Volksbegehren gegen die Überfremdung, vom 22. September 1969.

Interdepartementale Strategiegruppe EJPD/EDA/EVD für eine Flüchtlings- und Asylpolitik der neunziger Jahre (1989): Strategie für eine Flüchtlings- und Asylpolitik der 90er Jahre, Bern, EJPD.

Bundesamt für Industrie, Gewerbe und Arbeit (BIGA) und Bundesamt für Ausländerfragen (1991): Bericht über Konzeption und Prioritäten der schweizerischen Ausländerpolitik der neunziger Jahre. Bern: Eidgenössische Drucksachen und Materialzentrale EDMZ.

Bundesrat (1991): Bericht des Bundesrates zur Ausländer- und Flüchtlingspolitik vom 15. Mai 1991. Bern: Eidgenössische Drucksachen und Materialzentrale EDMZ.

Expertenkommission Migration (1997): Ein neues Konzept der Migrationspolitik: Bericht der Expertenkommission. Bern: Bundesamt für Flüchtlinge.

AGAK (Arbeitsgruppe Ausländerkriminalität) (2001): Schlussbericht vom 5. März 2001. Bern: Konferenz der kantonalen Justiz- und Polizeidirektorinnen und -direktoren KKJPD – Eidgenössisches Justiz- und Polizeidepartement.

Eidgenössisches Justiz- und Polizeidepartement EJPD. Bundesamt für Ausländerfragen (2001): Zusammenfassung der Ergebnisse des Vernehmlassungsverfahrens über den Vorentwurf der

Expertenkommission zum Bundesgesetz für Ausländerinnen und Ausländer (AuG).
Bundesrat (2002): Botschaft zum Bundesgesetz über die Ausländerinnen und Ausländer vom 8. März 2002.
Bundesrat (2004): EU-Osterweiterung: Wirtschaftliche Auswirkungen auf die Schweiz – Bericht des Bundesrates vom 30.06.2004. Bern.
IMES, BFF, fedpol und Grenzwachtkorps (EZV) (2004): Bericht zur illegalen Migration. Bern: Bundesverwaltung.
Staatssekretariat für Wirtschaft (seco), Bundesamt für Migration (BFM) und Bundesamt für Statistik (BFS) (2005): Bericht des Observatoriums zum Freizügigkeitsabkommen Schweiz-EU für die Periode vom 1. Juni 2002–31. Dezember 2004. Bern – 28. Juni 2005.

Thematische Bibliographie

CASAGRANDE, Giovanni/SCHAER, Martine (2001): *Migration und ethnische Minderheiten in der Schweiz.* Auswahlbibliographie 1945–1999. Neuenburg: Schweizerisches Forum für Migrationsstudien.

Geschichte der Einwanderung in die Schweiz

ARLETTAZ, Gérald (2004): *La Suisse et les étrangers.* Immigration et formation nationale (1848–1933). Lausanne: Editions Antipodes.

HENRY, Philippe/GAUDARD, Gaston/ARBENZ, Peter (1995): *Die Schweiz als Asylland.* Biel: Ed. Libertas suisse.

HOLMES, Madelyn (1988): *Forgotten migrants: foreign workers in Switzerland before World War I.* Rutherford: Fairleigh Dickinson University Press.

VUILLEUMIER, Marc (1992): *Flüchtlinge und Immigranten in der Schweiz.* Ein historischer Überblick. Zürich: Pro Helvetia.

Einwanderung in den letzten fünfzig Jahren

Mahnig, Hans (Hrsg.) (2005): *Histoire des politiques d'immigration, d'intégration et d'asile en Suisse depuis 1948.* Zürich: Seismo.

Niederberger, Josef Martin (1982): Die politisch-administrative Regelung von Einwanderung und Aufenthalt von Ausländern in der Schweiz: Strukturen, Prozesse, Wirkungen. In: Hans-Joachim Hoffmann-Nowotny und Karl-Otto Hondrich (Hrsg.): *Ausländer in der Bundesrepublik Deutschland und in der Schweiz.* Segregation und Integration: eine vergleichende Untersuchung (S. 11–123). Frankfurt a. M.: Campus.

Piguet, Etienne (2004): *L'immigration en Suisse depuis 1948.* Une analyse des flux migratoires. Zürich: Seismo.

Wicker, Hans-Rudolf/Fibbi, Rosita/Haug, Werner (Hrsg.) (2003): *Migration und die Schweiz.* Ergebnisse des Nationalen Forschungsprogramms «Migration und interkulturelle Beziehungen». Zürich: Seismo.

Demographie und Migration

Schweizerisches Forum für Migrations- und Bevölkerungsstudien (SFM) (2003): Demographie: Migration als Lebenselixier? *Forum – Zeitschrift der SFM,* Nr. 2.

United Nations (2000): *Replacement migration: is it a solution to declining and ageing populations?* New York: Population Division, Department of Economic and Social Affairs, United Nations Secretariat.

Wanner, Philippe (2001): *Einwanderung in die Schweiz.* Demographische Situation und Auswirkungen. Neuenburg: Bundesamt für Statistik.

Freier Personenverkehr zwischen der Schweiz und der EU

JAEGER Franz/BECHTOLD, Beat/HÖPLI, Thomas (2005): *Eine freizügige Schweiz – Chimäre oder Chance?* Zur Ausdehnung der Personenfreizügigkeit auf die erweiterte EU. Zürich: Rüegger.

LERCH, Mathias/PIGUET, Etienne (2005): *Théories, méthodes et résultats des projections de la migration en provenance des nouveaux pays membres de l'UE.* Forum suisse pour l'étude des migrations – Discussion Paper 21.

Asylbereich

EFIONAYI-MÄDER, Denise/CHIMIENTI, Milena/DAHINDEN, Janine/PIGUET, Etienne (2001): *Asyldestination Europa.* Eine Geographie der Asylbewegungen. Zürich: Seismo.

HOLZER, Thomas/SCHNEIDER, Gerald (2002): *Asylpolitik auf Abwegen.* Nationalstaatliche und europäische Reaktionen auf die Globalisierung der Flüchtlingsströme. Opladen: Leske + Budrich.

UNO-Hochkommissariat für Flüchtlinge (2000): *Zur Lage der Flüchtlinge in der Welt.* 50 Jahre humanitärer Einsatz. Bonn: Dietz.

Integration

D'AMATO, Gianni/GERBER, Brigitta (Hrsg.) (2005): *Herausforderung Integration.* Städtische Migrationspolitik in der Schweiz und in Europa. Zürich: Seismo.

FIBBI, Rosita, LERCH Mathias/WANNER, Philippe/MEY, Eva/RORATO, Miriam/VOLL, Peter (2005): *Die Integration der ausländischen zweiten Generation und der Eingebürgerten in der Schweiz.* Neuenburg: Bundesamt für Statistik.

NIEDERBERGER, Josef Martin (2004): *Ausgrenzen, Assimilieren, Integrieren. Die Entwicklung einer schweizerischen Integrationspolitik* Zürich: Seismo.

WANNER, Philippe (2004): *Eidgenössische Volkszählung 2000 – Migration und Integration – Ausländische Bevölkerung in der Schweiz.* Neuenburg: Bundesamt für Statistik.

Kriminalität und Migration

AGAK (Arbeitsgruppe Ausländerkriminalität) (2001): Schlussbericht vom 5. März 2001. Bern: Konferenz der kantonalen Justiz- und Polizeidirektorinnen und -direktoren KKJPD – Eidgenössisches Justiz- und Polizeidepartement.

KILLIAS, Martin (1997): «Immigrants, crime, and criminal justice in Switzerland». In: Michael TONRY (ed.): Ethnicity, crime, and immigration: comparative and cross-national perspectives (S. 375–405). Chicago: The University of Chicago Press.

STORZ, Renate (1994): Zur Staatszugehörigkeit von Strafgefangenen: ein gesamtschweizerischer Überblick. Bern: Bundesamt für Statistik.

STORZ, Renate/RÔNEZ, Simone/BAUMGARTNER, Stephan (1996): Zur Staatszugehörigkeit von Verurteilten: kriminalstatistische Befunde. Bern: Bundesamt für Statistik.

Die «Sans-Papiers»

ACHERMANN, Christin/EFIONAYI-MÄDER, Denise (2004): Leben ohne Bewilligung in der Schweiz: Auswirkungen auf den sozialen Schutz, Forschungsbericht Nr. 24/03 des Bundesamts für Sozialversicherung. Bern: Bundesamt für Sozialversicherung.

Bundesamt für Flüchtlinge (2004): Selektive Bibliographie «Sans-Papiers»: Schweizer Studien von 1997 bis 2003. Bern-Wabern: Bundesamt für Flüchtlinge, Direktionsbereich Finanzen und Soziales.

LONGCHAMP, Claude (2005): Sans-Papiers in der Schweiz: Arbeitsmarkt, nicht Asylpolitik ist entscheidend. Bern: GfS-Forschungsinstitut.

PIGUET, Etienne/LOSA, Stefano (2002): Travailleurs de l'ombre? Demande de main-d'œuvre du domaine de l'asile et ampleur de l'emploi d'étrangers non déclarés en Suisse. Zürich: Seismo.

Das Paradox von Einbezug und Ausschluss

BUOMBERGER, Thomas (2004): Kampf gegen unerwünschte Fremde: von James Schwarzenbach bis Christoph Blocher. Zürich: Orell Füssli.

GIBNEY, Matthew J. (2004): The Ethics and Politics of Asylum. Cambridge: Cambridge University Press.

SOYSAL, Yasemin Nuhoglu (1994): Limits of citizenship: migrants and postnational membership in Europe. Chicago: The University of Chicago.

Aktuelle statistische Daten

Bundesamt für Migration (jährlich): Ausländer- und Asylstatistik. Bern: BFM.

Bundesamt für Statistik (jährlich). Ausländerinnen und Ausländer in der Schweiz. Neuenburg: BFS

UNO-Hochkommissariat für Flüchtlinge (jährlich). Global Report. Genf.

Zitierte Quellen

Anmerkung: Zitate aus fremdsprachigen Quellen wurden vom Übersetzer ins Deutsche übertragen.

AGAK (Arbeitsgruppe Ausländerkriminalität) (2001): Schlussbericht vom 5. März 2001. Bern: Konferenz der kantonalen Justiz- und Polizeidirektorinnen und -direktoren KKJPD – Eidgenössisches Justiz- und Polizeidepartement.

BOLZMAN, Claudio (1993): Les métamorphoses de la barque – Les politiques d'asile, d'insertion et de retour de la Suisse à l'égard des exilés chiliens. Cahier de l'IES no. 2, Genève: Editions de l'Institut d'Etudes Sociales.

Bundesrat (1957): Grundsätze für die Handhabung des Asylrechtes in Zeiten erhöhter internationaler Spannung und eines Krieges. In: Bericht des Bundesrates an die Bundesversammlung über die Flüchtlingspolitik der Schweiz seit 1933 bis zur Gegenwart (S. 403–408). Bern.

Bundesrat (1964): Botschaft des Bundesrates an die Bundesversammlung betreffend die Genehmigung des Abkommens zwischen der Schweiz und Italien über die Auswanderung italienischer Arbeitskräfte nach der Schweiz (vom 4. November 1964). Bundesblatt, Band 2, Heft 46, S. 1001–1047.

Bundesrat (1991): Bericht des Bundesrates zur Ausländer- und Flüchtlingspolitik vom 15. Mai 1991. Bern: Eidgenössische Drucksachen und Materialzentrale EDMZ.

Bundesrat (2004): Aussenwirtschaftsbericht 2003. Bern: Staatssekretariat für Wirtschaft.

CERUTTI, Mauro (1994): Un secolo di emigrazione italiana in Svizzera (1870–1970), attraverso le fonti dell'Archivio federale. In: Studi e fonti, Heft 20, S. 11–141.

CERUTTI, Mauro (2005): La politique migratoire de la Suisse 1945–1970. In: Hans MAHNIG (Hrsg.): Histoire des politiques d'immigration, d'intégration et d'asile en Suisse. Zürich: Seismo.

CINAR, Dilek/HOFINGER, Christoph/WALDRAUCH, Harald (1995): Integrationsindex zur rechtlichen Integration von AusländerInnen in ausgewählten europäischen Ländern. Wien: Institut für Höhere Studien.

DHIMA, Giorgio (1991): Politische Ökonomie der schweizerischen Ausländerregelung: eine empirische Untersuchung über die schweizerische Migrationspolitik und Vorschläge für ihre künftige Gestaltung. Chur: Rüegger.

EFIONAYI-MÄDER, Denise/CHIMIENTI, Milena/DAHINDEN, Janine/PIGUET, Etienne (2001): Asyldestination Europa: eine Geographie der Asylbewegungen. Zürich: Seismo.

EJPD (Eidgenössisches Justiz- und Polizeidepartement). Bundesamt für Ausländerfragen (2001): Zusammenfassung der Ergebnisse des Vernehmlassungsverfahrens über den Vorentwurf der Expertenkommission zum Bundesgesetz für Ausländerinnen und Ausländer (AuG).

EJPD (Eidgenössisches Justiz- und Polizeidepartement) (1957): Die schweizerische Asylpraxis in neuester Zeit – Bericht vom 7. März 1957. In: Bericht des Bundesrates an die Bundesversammlung über die Flüchtlingspolitik der Schweiz seit 1933 bis zur Gegenwart (S. 410–416). Bern.

FIBBI, ROSITA/KAYA, Bülent/PIGUET, Etienne (2003): Le passeport ou le diplôme? Etude des discriminations à l'embauche des jeunes issus de la migration. Neuchâtel: Forum suisse pour l'étude des migrations – Rapport de Recherche 31.

HOFFMANN-NOWOTNY, Hans-Joachim (1992): Chancen und Risiken multikultureller Einwanderungsgesellschaften. Bern: Schweizerischer Wissenschaftsrat.

Home Office (UK) (2002): Secure Borders, Safe Haven: Integration with Diversity in Modern Britain, Report Presented to Parliament by the Secretary of State for the Home Department David Blunkett. London: The Stationary Office.

IMES, BFF, fedpol und Grenzwachtkorps (EZV). 2004. Bericht zur illegalen Migration. Bern: Bundesverwaltung.

KAMM, Martina/EFIONAYI-MÄDER, Denise/NEUBAUER, Anna/WANNER, Philippe/ZANNOL, Fabienne (2003): Aufgenommen, aber ausgeschlossen. Die vorläufige Aufnahme in der Schweiz. Berne: EKR – Eidgenössische Kommission gegen Rassismus.

LERCH, Mathias/PIGUET, Etienne (2005): Théories, méthodes et résultats des projections de la migration en provenance des nouveaux pays membres de l'UE. Neuchâtel: Forum suisse pour l'étude des migrations – Discussion Paper 21.

PIGUET, Etienne/RAVEL, Jean-Hughes (2002): Les demandeurs d'asile sur le marché du travail suisse 1996–2000. Neuchâtel: Forum suisse pour l'étude des migrations – Rapport de recherche 19.

RAYMANN, Ursula (2003): Meinungen und Einstellungen gegenüber Ausländerinnen und Ausländern in der Schweiz: Trend- und Vertiefungsbericht – Forschungsprogramm Univox 2002. Zürich: GfS-Forschungsinstitut.

Staatssekretariat für Wirtschaft (SECO), Bundesamt für Migration (BFM) und Bundesamt für Statistik (BFS) (2005): Bericht des Observatoriums zum Freizügigkeitsabkommen Schweiz-EU für die Periode vom 1. Juni 2002–31. Dezember 2004. Bern – 28. Juni 2005.

STRAUBHAAR, Thomas/FISCHER, Peter A. (1994): Economic and social aspects of immigration into Switzerland. In: Heinz FASSMANN/Rainer MÜNZ (eds.): European migration in the late twentieth century: historical patterns, actual trends, and social implications (S. 127–148). Aldershot: E. Elgar.

United Nations (2002): International Migration Report 2002. New York: Department of Economic and Social Affairs – Population Division.

WANNER, Philippe (2004): Eidgenössische Volkszählung 2000 – Migration und Integration – Ausländische Bevölkerung in der Schweiz. Neuenburg: Bundesamt für Statistik.

WIMMER, Andreas (2001): Ein helvetischer Kompromiss: Kommentar zum Entwurf eines neuen Ausländergesetzes. Schweizerische Zeitschrift für Politikwissenschaft, Jg. 7, Heft 1, S. 97–104.

Zum Autor

Prof. Dr. oec. Etienne Piguet promovierte 1998 an der Universität Lausanne mit einer Dissertation über Firmengründungen von Migranten. Er war als Assistent und danach als Dozent am geographischen Institut der Universität Lausanne tätig. Anschliessend wirkte er als wissenschaftlicher Mitarbeiter am Aufbau des Schweizerischen Forums für Migrationsstudien (SFM) mit. Das SFM ist eine private, der Universität Neuenburg angegliederte Stiftung, die auf Mandatsbasis in der Forschung tätig ist. Etienne Piguet war dort zuerst Projektleiter, dann stellvertretender Direktor und schliesslich Direktor *ad interim*. Parallel dazu war er als Lehrbeauftragter an der Universität Neuenburg tätig. Im Oktober 2001 verliess er das SFM, um einen Lehrstuhl für Sozialgeographie am geographischen Institut der Universität Neuenburg zu übernehmen. Etienne Piguet forscht vor allem über Wanderungsbewegungen und Migrationspolitik, Integration und Asylthemen sowie zur allgemeinen Wirtschafts- und Stadtgeographie.

Seine Buchpublikationen

– (2005): L'immigration en Suisse depuis 1948. Zurich: Seismo.
– (1999): Les migrations créatrices. Paris: L'Harmattan.
– zusammen mit Stefano Losa (2002): Travailleurs de l'ombre? Demande de main-d'œuvre du domaine de l'asile et ampleur de l'emploi d'étrangers non déclarés en Suisse. Zürich: Seismo.
– zusammen mit Denise Efionayi-Mäder, Milena Chimienti und Janine Dahinden (2001): Asyldestination Europa: eine Geographie der Asylbewegungen. Zürich: Seismo.

- zusammen mit Philippe Wanner (2000): Die Einbürgerungen in der Schweiz: Unterschiede zwischen Nationalitäten, Kantonen und Gemeinden, 1981–1998. Neuenburg: Bundesamt für Statistik.
- als Herausgeber zusammen mit Janine Dahinden (2004): Immigration und Integration in Liechtenstein. Zürich: Seismo.

Bitte beachten Sie auch die folgenden Seiten!

Hauptthema CH-Wissen

Stéphane Boisseaux / Dominique Barjolle

Geschützte Ursprungsbezeichnungen bei Lebensmitteln

Käse, Wein, Fleisch, Brot: Auf dem Weg zu Schweizer AOC- und IGP-Produkten

CH-Wissen
2006. 135 Seiten, 2 Grafiken, kartoniert
CHF 19.80 / € 12.90
ISBN 3-258-07011-3

Wie kann die einheimische Landwirtschaft in Zeiten globalen Handels überleben? Eine Möglichkeit besteht darin, lokale und regionale Spezialitäten zu pflegen. Aber wie lassen sich die typischen Eigenschaften eines Weins oder Fleischprodukts bestimmen? Was macht den besonderen Geschmack von Walliser Roggenbrot aus? Wie lässt sich ein Name, eine Bezeichnung schützen, «Gruyère» zum Beispiel? Wie können sich die Produzenten gegen Nachahmungen verteidigen?
Was können sie unternehmen, um gleich bleibende Qualität zu garantieren? Mit der Geschützten Ursprungsbezeichnung (Appellation d'Origine Contrôlée, AOC) und der Geschützten Geografischen Angabe (Indication Géographique Protégée, IGP) beschäftigen sich heute auch in der Schweiz Agronomen, Ökonomen, Gastronomen, Juristen und Produzentenverbände, die zusammen mit staatlichen Institutionen komplexe Regeln zu all diesen Fragen festlegen. Das Buch, das auf europaweiten Forschungen beruht, zeichnet die Geschichte dieser Politik nach und macht deutlich, wie die subtilen Bindungen zwischen einem Lebensmittel und seinem Ursprungsgebiet zustande kommen. Es zeigt, wie Hersteller und Konsumenten durch die gleichen Qualitätsansprüche miteinander verbunden sind und wie die Solidarität zwischen den Herstellern ihr Überleben auf dem Markt sichert.
Ein Buch für alle Konsumenten/innen, die sich nicht mit Fastfood begnügen wollen.

: Haupt **Haupt Verlag** Bern • Stuttgart • Wien
verlag@haupt.ch • www.haupt.ch

Hauptthema CH-Wissen

Martine Rebetez
Helvetien im Treibhaus
Der weltweite Klimawandel und seine Auswirkungen
auf die Schweiz

CH-Wissen
2006. 151 Seiten, , kartoniert
CHF 19.80 / € 12.90
ISBN 3-258-07056-3

Umweltkatastrophen und Klimaextreme folgen sich seit etlichen Jahren Schlag auf Schlag. Sintflutartige Regenfälle, Überschwemmungen, Erdrutsche, schwere Lawinenniedergänge, schneearme Winter, überlange Hitzeperioden. Das Buch belegt an reichem Faktenmaterial, dass wir in der Tat einen Klimawandel erleben, weltweit genauso wie im Bereich der Alpen. Die Autorin stützt sich dabei auf die neuesten Daten, die zusammen mit dem so genannten Treibhauseffekt zum Kyoto-Abkommen geführt haben. Dabei konzentriert sich das Buch anhand präziser Beobachtungen auf den Fall der Schweiz. Der Klimaforscherin Rebetez gelingt es nicht nur, wissenschaftliche Erklärungen für den globalen Klimawandel verständlich darzustellen; sie demonstriert zugleich, wie der Klimawandel sich auf Bergland und Gletscher, Böden, Landwirtschaft, Wald, aber z.B. auch auf die Tourismusindustrie auswirkt. Die Schweiz wird wärmer – und unser Alltag bleibt davon nicht unberührt. Rebetez' Klimabuch ist mit über 3000 verkauften Exemplaren der bisher erfolgreichste Band aus der Reihe «Le savoir suisse». Für die deutsche Fassung wurde das Buch überarbeitet und auf den neuesten Stand (inkl. des Hurrikans Katrina im Herbst 2005) gebracht.

Haupt **Haupt Verlag** Bern · Stuttgart · Wien
verlag@haupt.ch · www.haupt.ch

Hauptthema Sozialpolitik / Gesellschaft

Marc Spescha
Zukunft «Ausländer»
Plädoyer für eine weitsichtige Migrationspolitik

2002. 160 Seiten, 10 Abbildungen, 3 Tabellen, kartoniert
CHF 32.– / € 18.–
ISBN 3-258-06513-6

Mit diesem Buch mischt sich der profilierte Spezialist für Ausländerfragen in die aktuelle migrationspolitische Debatte um eine Neuformulierung der Ausländerpolitik ein. Im Spannungsfeld des am 1. Juni 2002 in Kraft getretenen Personenfreizügigkeitsabkommens mit der EU und den Vorschlägen des Bundesrates für ein «neues» Ausländergesetz formuliert Spescha Postulate einer aufgeklärten Migrationspolitik.
In einem kurzen historischen Rückblick zeichnet er die migrationspolitischen Pendelbewegungen der Schweiz zwischen Öffnung und Abwehr nach. Anhand demografischer Fakten und Perspektiven macht er deutlich, dass die Schweiz ebenso wie zum Beispiel Deutschland in Zukunft noch stärker auf Immigrantinnen und Immigranten angewiesen ist. Dies bedingt eine Abkehr von der herrschenden Politik der «Überfremdungsabwehr». Wie dringend dies ist, führen die vom Autor referierten (unglaublichen) Fallgeschichten aus der fremdenpolizeilichen Praxis drastisch vor Augen.
Das Plädoyer des Autors gilt vor dem beschriebenen Hintergrund einer rechtsstaatlich verankerten Politik der Öffnung, dem Schutz familiärer Netze und einer breitgefächerten Integrationspolitik. In einem kurzen Exkurs zu den «Sans-Papiers» weist der Autor nach, dass diese als Folge einer verfehlten Abwehrpolitik nach einer humanitären Aktion verlangen und langfristig mit einer kohärenten Migrationspolitik zu vermeiden wären.
Dies ist kein Buch (bloss) für Juristen, sondern für ein breites Publikum, das sich über ein kontroverses Thema informieren und sich, jenseits dumpfer Vorurteile und diffuser Ängste, eine fundierte Meinung bilden will.

: Haupt Haupt Verlag Bern • Stuttgart • Wien
verlag@haupt.ch • www.haupt.ch

Hauptthema Sozialpolitik / Gesellschaft

Isidor Wallimann (Hrsg.) / Michael N. Dobkowski (Hrsg.)
Das Zeitalter der Knappheit
Ressourcen, Konflikte, Lebenschancen

2003. 254 Seiten, , kartoniert
CHF 34.– / € 19.50
ISBN 3-258-06594-2

Das Projekt Weltindustriegesellschaft kann so nicht weitergeführt werden, es sei denn für eine kleine Zahl von Privilegierten. Es gibt zu viele Engpässe bei Natur, Brennstoffen und Wasser. Das Leben von Millionen wäre sonst bedroht und Konflikte würden entstehen, die noch mehr Verwüstung und Tod brächten. Aber auch die Alternative, sich von der heutigen Industriegesellschaft abzuwenden, birgt das Risiko von Unheil. Überleben auf dem Weg zu weniger und einer anderen Industriegesellschaft will gelernt sein, besonders dann, wenn dabei die Bevölkerung noch schnell wächst.

Wie können angesichts eng miteinander verknüpfter Knappheiten und Konflikte Katastrophen abgewendet werden? Wie kann für Mensch und Natur das Leben nachhaltig gesichert werden? Vermögen anonym funktionierende Märkte die zunehmenden Knappheiten zu steuern und Nachhaltigkeit zu garantieren?

Zu solchen und andern Fragen finden sich hier Beiträge mit Analyse und Antworten aus der Perspektive der Sozialwissenschaften, Ökonomie und Philosophie. Die kurzen Beiträge eignen sich für Diskussionsgruppen, Seminare und einschlägige Veranstaltungen oder als journalistische und politische Hintergrundinformation.

┋ Haupt **Haupt Verlag** Bern · Stuttgart · Wien
verlag@haupt.ch · www.haupt.ch

Hauptthema Bildung / Gesellschaft

Claudio Nodari / Raffaele De Rosa

Mehrsprachige Kinder

Ein Ratgeber für Eltern und andere Bezugspersonen

2003. 124 Seiten, , kartoniert
CHF 34.– / € 19.90
ISBN 3-258-06319-2

Immer mehr Menschen gestalten ihr tägliches Leben in zwei Sprachen und immer mehr Kinder wachsen mehrsprachig auf. In der heutigen multikulturellen Gesellschaft wird die Zweisprachigkeit auch zunehmend als grosse Chance angesehen. Doch wie kann die mehrsprachige Erziehung gelingen und für Eltern und Kinder befriedigend sein?

Dieser Ratgeber beantwortet die Fragen, die sich im Zusammenhang mit der Entwicklung von zwei oder mehr Sprachen bei Kindern stellen. Welche Sprache sollen die Eltern mit ihren Kindern sprechen? Was können Lehrpersonen tun, um die Mehrsprachigkeit von Kindern zu unterstützen? Kann Zweisprachigkeit zu Problemen in der Schule führen?

Anhand von vielen Beispielen aus der Praxis und mit vielen konkreten Vorschlägen zeigen die Autoren, wie die Mehrsprachigkeit verwirklicht werden kann und wie Eltern ihre Kinder vom Babyalter bis in die Schule optimal fördern können.

Haupt **Haupt Verlag** Bern · Stuttgart · Wien
verlag@haupt.ch · www.haupt.ch

Die Wiederkehr des alten Migrationsregimes

Wie schon in der Vergangenheit werden die neu Angekommenen auch jetzt in dem Sinn «gerecht» auf die Regionen verteilt, als jedem Kanton proportional zu seinem Beschäftigungspotential ein Kontingent an Immigranten zugeteilt wird. Ausserdem haben manche Wirtschaftszweige im Rahmen der Verhandlungen gewisse «erworbene Rechte», die sie auf kantonaler Ebene geltend machen. So sichern sich jene Branchen den Löwenanteil, die bereits über eine lange Tradition der Beschäftigung ausländischer Arbeitskräfte verfügen.

Diese Periode kann man als Rückkehr zum alten Migrationssystem betrachten, das heisst zu jenem System, das bis zur Krise Mitte der 1970er Jahre Bestand hatte und das auf dem Willen zur Plafonierung beruhte, gemildert allerdings durch die Notwendigkeit, zwischen nationalen, regionalen und sektoriellen Interessen Kompromisse zu finden und sich mit den Branchen und Kantonen zu arrangieren.

Auch die fremdenfeindlichen Bewegungen übernehmen wieder ihre traditionelle Rolle als Gegenmacht, indem sie ein weiteres Mal versuchen, mit Hilfe der direkten Demokratie eine Plafonierung der Einwanderung zu erreichen. Diese Versuche führen zwar nicht zum Erfolg, aber sie sorgen dafür, dass der Druck auf die Behörden bestehen bleibt.

Damit erlebt die Schweiz eine zweite Phase starker Einwanderung, die vergleichbar ist mit jener der 1950er und 1960er Jahre. Insgesamt beträgt der Migrationssaldo (Einwanderung minus Auswanderung) in den Jahren 1985–1995 etwas mehr als die Hälfte des Saldos von 1948–1973. Und wieder ist die Einwanderung im Verhältnis zur Bevölkerungszahl umfangreicher als die Einwanderung, die die wichtigsten Länder Europas sowie die USA, Kanada und Australien im selben Zeitraum zu verzeichnen haben. Deutschland bildet indessen eine Ausnahme und erfährt wie die Schweiz eine starke Zuwanderung.

Die Konjunkturabschwächung der 1990er Jahre

Seit Beginn der 1990er Jahre ist die Schweiz von einer markanten Konjunkturabschwächung betroffen, die sich in einer Verminderung des Bruttoinlandprodukts (BIP) ausdrückt. Die Auswirkungen auf den Stellenmarkt sind weit schmerzhafter als die Folgen früherer Konjunkturabschwächungen, und die Arbeitslosenzahlen erreichen bislang unerreichte Werte. Durch diese Situation wird die arbeitsbedingte Einwanderung erheblich gebremst. Eine gewisse Anzahl ausländischer Arbeitnehmer muss das Land unfreiwillig verlassen, weil die Aufenthaltsbewilligungen bei stellenlosen Personen nicht verlängert werden. Die Zahl dieser Ausreisen – es sind einige Zehntausend – bleibt aber deutlich tiefer als die Zahl der krisenbedingten Wegzüge zu Beginn der 1970er Jahre. Und die Ausreisen werden mehr als aufgewogen durch die Zunahme der nicht erwerbstätigen Immigranten und durch die sehr hohe Zahl von umgewandelten Saisonnierbewilligungen. Infolge dieser Entwicklung wächst die ausländische Bevölkerung während der ganzen Phase weiter.

Kontext und Konsequenzen dieser Konjunkturabschwächung unterscheiden sich also erheblich von jenen früherer Krisen. Wenn zahlreiche Ausländer ihre Stelle verlieren – was die steigenden Arbeitslosenquoten der ausländischen Bevölkerung seit 1993 belegen –, so sind sie mehrheitlich doch nicht mehr gezwungen, die Schweiz zu verlassen. Einzig die Saisonniers und die Grenzgänger erfüllen weiterhin die Funktion eines Konjunkturpuffers, wie sie dem alten Modell der Arbeitskräfterotation entsprach.

Diese Entwicklung ist Ausdruck eines tief greifenden Wandels im nationalen und internationalen Umfeld der Migrationspolitik. In den 1980er Jahren hatte man noch eine Wiederkehr des alten Systems erlebt, jetzt sind sehr unterschiedliche Prozesse im Gang, die das alte System in seinen Grundfesten erschüttern. Die Folge davon sind unterschiedlichste Anpassungsversuche. Dabei geht es um Entwicklungen, die bis heute andauern und sich in einer Form äussern, die man als erneute, umfassende Infragestellung des schweizerischen Einwanderungssystems bezeichnen muss.